westermann

Nils Kauerauf, Ingo Schaub, Christian Schmidt, Sarah Siebertz, Nick Brown, Udo Müller-Stefer

Ausbildung im Groß- und Außenhandel

Kaufmann/Kauffrau für Groß- und Außenhandelsmanagement

Band 1

5. Auflage

Bestellnummer 10810

Die in diesem Produkt gemachten Angaben zu Unternehmen (Namen, Internet- und E-Mail-Adressen, Handelsregistereintragungen, Bankverbindungen, Steuer-, Telefon- und Faxnummern und alle weiteren Angaben) sind i. d. R. fiktiv, d. h., sie stehen in keinem Zusammenhang mit einem real existierenden Unternehmen in der dargestellten oder einer ähnlichen Form. Dies gilt auch für alle Kunden, Lieferanten und sonstigen Geschäftspartner der Unternehmen wie z. B. Kreditinstitute, Versicherungsunternehmen und andere Dienstleistungsunternehmen. Ausschließlich zum Zwecke der Authentizität werden die Namen real existierender Unternehmen und z. B. im Fall von Kreditinstituten auch deren IBANs und BICs verwendet.

Die in diesem Werk aufgeführten Internetadressen sind auf dem Stand zum Zeitpunkt der Drucklegung. Die ständige Aktualität der Adressen kann vonseiten des Verlages nicht gewährleistet werden. Darüber hinaus übernimmt der Verlag keine Verantwortung für die Inhalte dieser Seiten.

service@westermann.de
www.westermann.de

Bildungsverlag EINS GmbH
Ettore-Bugatti-Straße 6-14, 51149 Köln

ISBN 978-3-427-**10810**-8

westermann GRUPPE

© Copyright 2020: Bildungsverlag EINS GmbH, Köln

Das Werk und seine Teile sind urheberrechtlich geschützt. Jede Nutzung in anderen als den gesetzlich zugelassenen Fällen bedarf der vorherigen schriftlichen Einwilligung des Verlages.

Vorwort

Das vorliegende **Lehrerhandbuch** ist eine ideale Ergänzung zum Arbeitsheft und zu der entsprechenden Lehrbuchreihe – es kann aber auch mit anderen Büchern eingesetzt werden.

Die Umsetzung des problem- und handlungsorientierten Unterrichts mit **Lernsituationen** wird erheblich erleichtert: Ausgewählte Einstiegssituationen aus dem Lehrbuch werden aufgenommen, durch zusätzliche Arbeitsaufträge und methodische Hinweise ergänzt und in eine klare unterrichtliche Struktur überführt. So wird das vom Lehrplan geforderte Lernen in vollständigen Lernhandlungen gestützt und die Ausarbeitung der didaktischen Jahresplanung erleichtert.

Durch **Arbeitsblätter** mit anregenden **Übungen** zu zentralen Begriffen und Zusammenhängen des jeweiligen Lernfeldes erhalten die Schülerinnen und Schüler ergänzend zum Lehrbuch zahlreiche Möglichkeiten, ihr neu erworbenes Wissen anzuwenden und zu festigen.

Prüfungsorientierte Aufgaben, in denen die für die Zwischen- und Abschlussprüfung geforderten Inhalte in der für die Prüfungen typischen Form abgefragt werden, runden die Unterrichts- und Lernhilfe ab.

Mit dem Arbeitsheft wird die häufig so schwierige **Dokumentation** von Lern- und Arbeitsergebnissen sichergestellt, sodass die **individuelle Lernberatung** und die **Leistungsbewertung** nach Phasen **selbstständigen Lernens** erleichtert werden.

Hinweis zur Nutzung des Arbeitsheftes

Bei den **Lernsituationen** finden die Nutzer des Arbeitsheftes Symbole, die eine Empfehlung hinsichtlich einer geeigneten **Sozialform** darstellen:

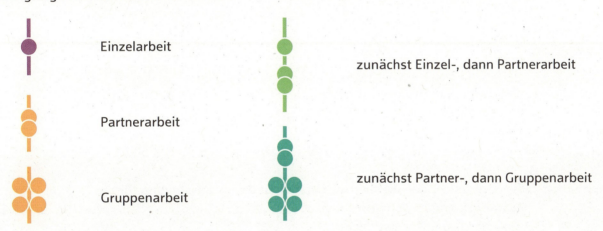

Die **Farben** unterscheiden sich nach der jeweiligen Phase der Lernhandlung.

Im Arbeitsheft finden Sie QR-Codes vor, die Lern- und Arbeitshilfen oder auch ergänzende Anregungen enthalten. Mit Ihrem Smartphone oder Tablet sowie einer QR-Code-Scanner-App können Sie die Informationen einfach abrufen. In Foto-Apps integrierte QR-Erkennungen führen zuweilen zu fehlerhaften Ergebnissen.

Lehrkräfte können unter www.westermann.de die Lösungen als Download (Bestell-Nr. 10811) und als Printausgabe (Bestell-Nr. 10812) erwerben. Als ergänzende Materialien finden Lehrkräfte dort zudem kostenfreie didaktische Hinweise, die eine Steuerung des Lehr-/Lernprozesses erleichtern.

© Westermann Gruppe

Inhaltsverzeichnis

LERNFELD 1

Lernsituation 1: Sie klären die Rahmenbedingungen in Ihrer Berufsausbildung 7
- Übung 1.1: Das System der dualen Berufsausbildung 11
- Übung 1.2: Besondere Herausforderungen in der Berufsausbildung 12
- Übung 1.3: Mitbestimmung nach dem Betriebsverfassungsgesetz (BetrVG) 13
- Übung 1.4: Tarifparteien und -vertrag 14
- Übung 1.5: Die Entgeltabrechnung 15

Lernsituation 2: Sie verschaffen sich einen Überblick über Unternehmensziele 17
- Übung 2.1: Funktionen, Arten und Betriebsformen des Großhandels 21
- Übung 2.2: Bedeutung des Außenhandels 23
- Übung 2.3: Organisation des Groß- und Außenhandelsbetriebes 24
- Übung 2.4: Rechtsformen im Groß- und Außenhandel 26

Lernsituation 3: Sie präsentieren Ihren Ausbildungsbetrieb 28
- Übung 3.1: Grundsätze einer professionellen Präsentation 33
- Übung 3.2: Den eigenen Standpunkt vertreten – überzeugend, wertschätzend und kooperativ ... 34
- Übung 3.3: Neue Rollen – neue Erwartungen 39
- Aufgaben zur Prüfungsvorbereitung 40

LERNFELD 2

Lernsituation 1: Sie bearbeiten Anfragen von Neu- und Stammkunden mithilfe des Warenwirtschaftssystems 44
- Übung 1.1: Warenwirtschaftssystem 51
- Übung 1.2: Schreib- und Gestaltungsregeln eines Geschäftsbriefes nach DIN 5008 53

Lernsituation 2: Sie berücksichtigen die Geschäftsfähigkeit als Voraussetzung für das Zustandekommen von Verträgen 55
- Übung 2.1: Rechtssubjekte und Rechtsfähigkeit 59
- Übung 2.2: Rechtsobjekte (Sachen und Rechte) 60
- Übung 2.3: Besitz, Eigentum und Eigentumsübertragung 61
- Übung 2.4: Formvorschriften bei Rechtsgeschäften 62
- Übung 2.5: Nichtige und anfechtbare Rechtsgeschäfte 63
- Übung 2.6: Arten von Rechtsgeschäften 64
- Übung 2.7: Vertragsarten 65

Lernsituation 3: Sie führen ein kundenorientiertes Verkaufsgespräch 66
- Übung 3.1: Kontaktphase und Bedarfsermittlung 73
- Übung 3.2: Warenvorlage und Verkaufsargumentation 75
- Übung 3.3: Preisnennung 76
- Übung 3.4: Kundeneinwände 77
- Übung 3.5: Kaufabschluss 77
- Übung 3.6: Englisch: Sales Conversation 78
- Übung 3.7: Schriftverkehr in der Fremdsprache Englisch 81

© Westermann Gruppe

Lernsituation 4: Sie erstellen ein Angebot für einen Kunden 87
Übung 4.1: Bindung an das Angebot 91
Übung 4.2: Zusendung unbestellter Ware 93
Übung 4.3: Arten des Kaufvertrages 94

Lernsituation 5: Sie untersuchen allgemeine Geschäftsbedingungen 95
Übung 5.1: Lieferantenkredit 100
Übung 5.2: Leasing 101
Übung 5.3: Ausfuhrkontrolle 104
Aufgaben zur Prüfungsvorbereitung 105

LERNFELD 3

Lernsituation 1: Das vorhandene Sortiment analysieren und Vorschläge für Sortimentsveränderungen unterbreiten 110
Übung 1.1: Sortimentsumfang 114
Übung 1.2: Sortimentspyramide 115
Übung 1.3: Sortimentsaufbau 116

Lernsituation 2: Sie führen die Zeit-, Mengen- und Bedarfsplanung als Grundlage für eine optimale Beschaffungsstrategie durch 117
Übung 2.1: Den Melde- und den Mindestbestand ermitteln 121
Übung 2.2: Das Bestellpunkt-, das Bestellrhythmus- und das Just-in-time-Verfahren miteinander vergleichen 122
Übung 2.3: Ökologische und ökonomische Probleme aufgrund des Just-in-time-Verfahrens 123

Lernsituation 3: Sie ermitteln Bezugsquellen und formulieren eine Anfrage an einen möglichen Lieferer 123
Übung 3.1: Rund um die Anfrage 128
Übung 3.2: Angebot und Anpreisung voneinander unterscheiden 128
Übung 3.3: Die Lieferkosten der Primus GmbH ermitteln – Inhalte eines Angebots 129

Lernsituation 4: Sie führen einen Angebotsvergleich mit Angeboten aus dem Inland durch 130
Übung 4.1: Rechnerische Grundlagen der Preisplanung 135
Übung 4.2: Die zusammengesetzte Bezugskalkulation 136

Lernsituation 5: Sie führen eine Angebotsauswertung bei einem ausländischen Anbieter durch 138
Übung 5.1: Bestellungen rechtlich wirksam durchführen 144
Übung 5.2: Wertzölle und Einfuhrumsatzsteuer ermitteln 145
Übung 5.3: Die ABC-Analyse durchführen 146
Übung 5.4: Englisch: Oh, would you please call our supplier? 147
Übung 5.5: Englisch: Telephone power – the most important phrases 150
Übung 5.6: Englisch: Exchanging information: Please tell me your item number 151
Übung 5.7: Englisch: Leaving a message 152
Aufgaben zur Prüfungsvorbereitung 155

© Westermann Gruppe

LERNFELD 4

Lernsituation 1: Sie beschreiben die Aufgaben und Aufgabenbereiche des betrieblichen Rechnungswesens im Großhandelsbetrieb **159**

- Übung 1.1: Das Rechnungswesen als Informations-, Kontroll- und Steuerungssystem 161
- Übung 1.2: Soll-Ist-Vergleiche im Rechnungswesen 162
- Übung 1.3: Ein Inventar erstellen 163
- Übung 1.4: Inventare vergleichen und auswerten 165

Lernsituation 2: Sie leiten eine Bilanz aus dem Inventar ab und werten diese aus **167**

- Übung 2.1: Eine Bilanz aufbereiten 172
- Übung 2.2: Aussagen zur Bilanz überprüfen 172
- Übung 2.3: Typische Belege identifizieren und prüfen 173
- Übung 2.4: Veränderungen des Vermögens und der Schulden dokumentieren 175
- Übung 2.5: Buchung der Wertveränderungen auf Bestandskonten 177

Lernsituation 3: Sie erfassen Belege systematisch im Grund- und Hauptbuch **178**

- Übung 3.1: Zusammengesetzte Buchungssätze 186
- Übung 3.2: Lern- und Unterrichtscheck 1 – Sie reflektieren Ihre Tätigkeit in der Finanzbuchhaltung 187
- Übung 3.3: Aufwand, Ertrag oder Veränderung von Vermögen und Kapital 188
- Übung 3.4: Erfolgswirksame Geschäftsfälle 189
- Übung 3.5: Eine Lernübersicht erstellen – das System der Bestands- und Erfolgskonten 190
- Übung 3.6: Erfolgswirksame Vorgänge erfassen und den Erfolg ermitteln 190
- Übung 3.7: Warenbestandsveränderungen erfassen 197
- Übung 3.8: Die Umsatzsteuer 199
- Übung 3.9: Stufen des Wertschöpfungsprozesses mit Vorsteuerabzug 200
- Übung 3.10: Umsatzsteuer ermitteln, abführen und buchen 201
- Übung 3.11: Vom Kontenrahmen zum Kontenplan 204

Lernsituation 4: Sie berechnen und buchen Lieferskonti und Bezugskosten **205**

- Übung 4.1: Besondere Buchungen im Absatzbereich 209
- Übung 4.2: Besondere Buchungen im Beschaffungs- und Absatzbereich 211
- Übung 4.3: Lern- und Unterrichtscheck 2 – Sie reflektieren Ihre Tätigkeit in der Finanzbuchhaltung 213

Aufgaben zur Prüfungsvorbereitung 214

Bildquellenverzeichnis 220

LERNFELD 1

Das Unternehmen präsentieren und die eigene Rolle mitgestalten

Lernsituation 1: Sie klären die Rahmenbedingungen in Ihrer Berufsausbildung

Am ersten Arbeitstag als Auszubildende zur Kauffrau im Groß- und Außenhandel der Primus GmbH wird Nicole Höver von der Assistentin der Geschäftsleitung Svenja Braun in Empfang genommen. *„Herzlich willkommen als neue Mitarbeiterin der Primus GmbH!"*, sagt Svenja Braun freundlich. *„Ich habe auch gleich einen großen Auftritt für Sie; die Geschäftsführerin Sonja Primus begrüßt alle neuen Mitarbeiterinnen und Mitarbeiter an ihrem ersten Arbeitstag und möchte auch Sie kennenlernen."* *„Frau Primus kenne ich schon aus dem Vorstellungsgespräch, aber auf die anderen bin ich natürlich gespannt"*, erwidert Nicole.

Svenja Braun führt Nicole zum Fahrstuhl und fährt mit ihr in die vierte Etage. Sie betreten den Konferenzraum und Frau Primus kommt ihnen lächelnd entgegen.

„Herzlich willkommen als neue Mitarbeiterin der Primus GmbH! Das ist Frau Berg, die Abteilungsleiterin der Verwaltung, die für Sie erste Ansprechpartnerin in allen Fragen der Ausbildung ist, das ist Herr Müller, und das ist Frau Ost, Ihre Ausbilderin in der ersten Etappe der Ausbildung!" Alle nehmen um den großen Konferenztisch Platz. Frau Ost erhält dann das Wort, um etwas über die Ausbildung zu sagen. *„Bei dem Ausbildungsberuf Kaufmann/Kauffrau im Groß- und Außenhandel steht die Vermittlung der beruflichen Handlungskompetenz mit den Dimensionen Fach-, Selbst- und Sozialkompetenz im Mittelpunkt der Ausbildung. Wir werden Sie daran messen, inwieweit es Ihnen gelingt, diese Kompetenzen auszubauen."* Nicole hat sich vorgenommen, die Ausbildung mit einem sehr guten Ergebnis abzuschließen. Sie überlegt sich, an welchen Verhaltensweisen die angesprochenen Kompetenzen jeweils festgemacht werden können. *„Was man unter Fachkompetenz versteht, ist mir ja noch ziemlich klar. Aber was sich hinter Selbst- und Sozialkompetenz verbirgt, ist mir recht schleierhaft. Können Sie mir vielleicht eine Checkliste geben, die mir hilft, mich als Auszubildende richtig zu verhalten?"*, meint sie lächelnd zu Frau Ost.

Beschreibung und Analyse der Situation

Erläutern Sie die Funktion des dargestellten Treffens zu Beginn der Ausbildung.

_____
_____
_____

Beschreiben Sie die Absicht, die sich hinter Nicoles Wunsch nach einer Checkliste verbirgt.

_____
_____
_____

© Westermann Gruppe

Lernsituation 1

Beschreiben Sie die Begriffe Fach-, Selbst- und Sozialkompetenz in ein bis zwei Sätzen.

_____
_____
_____
_____
_____
_____
_____
_____
_____
_____

Planen und durchführen

Erstellen Sie eine Checkliste. Darin sollen Sie konkrete Verhaltensweisen beschreiben, die auf bestimmte Kompetenzen hinweisen. Die folgende Tabelle kann Ihnen dabei helfen.

	Positive Beispiele	
Sozialkompetenz	Ausbildungsbetrieb	Schule
Teamfähigkeit		Zum Beispiel: Ich leiste einen aktiven Beitrag zum Gelingen von Gruppenarbeiten.
Konfliktfähigkeit		

© Westermann Gruppe

Selbstkompetenz	Positive Beispiele	
	Ausbildungsbetrieb	Schule
Leistungsbereitschaft		
Zuverlässigkeit/ Sorgfalt		
Selbstständigkeit		
Verantwortungsbereitschaft	Zum Beispiel: Ich beseitige Unordnung – auch wenn sie ein Kollege verursacht hat.	

Bewerten

Tragen Sie Ihre Ergebnisse in der Gruppe zusammen. Diskutieren Sie, welche der beschriebenen Verhaltensweisen ganz konkret (statt allgemein) beschrieben sind. Die Verhaltensweisen sollten auch für Außenstehende klar und leicht ersichtlich sein. Schreiben Sie diese Verhaltensweisen auf je eine **Karte**. Ihre Gruppe darf **maximal zwölf Karten** erstellen.

Lernergebnisse sichern

Die Ergebnisse auf den Karten der einzelnen Gruppen sollten in der Klasse veröffentlicht und nach Möglichkeit geordnet werden. Die Verhaltensweisen, die auf ein kompetentes Verhalten in der Schule hinweisen, können Sie auch als **Wandzeitung** in der **Klasse** hängen lassen.

Danach schreiben Sie sich zehn bis zwölf Verhaltensweisen auf, deren Weiterentwicklung Sie **für sich selbst** als besonders wichtig ansehen. Diese **Checkliste „guter Vorsätze"** legen Sie sowohl Ihrem Ausbilder/Ihrer Ausbilderin als auch dem Klassenlehrer/der Klassenlehrerin und/oder einer weiteren Person als Kopie vor. Mit diesen Personen sollten Sie nach einem halben Jahr erneut das Gespräch suchen und sich ein Feedback holen, inwieweit Ihnen die Umsetzung Ihrer Ziele gelungen ist.

© Westermann Gruppe

Name: _____

Meine Checkliste zu überfachlichen Kompetenzen – „gute Vorsätze":

1 _____
_____

2 _____
_____

3 _____
_____

4 _____
_____

5 _____
_____

6 _____
_____

7 _____
_____

8 _____
_____

9 _____
_____

10 _____
_____

11 _____
_____

12 _____
_____

13 _____
_____

14 _____
_____

gesehen: _____   _____   _____
               Ausbilder/-in   Klassenlehrer/-in

© Westermann Gruppe

Übung 1.1: Das System der dualen Berufsausbildung

Vervollständigen Sie das Schaubild mit den passenden Begriffen:

Das System der _____ Berufsausbildung
= Ausbildung an _____ – sich ergänzenden – Lernorten

_____ Ausbildung

wird geregelt durch → &

Inhalte:
a) des Ausbildenden und b) des Auszubildenden, z. B. Pflichten des Auszubildenden:
_____
_____
_____
_____
_____
_____
_____
_____

für den Groß- und Außenhandel enthält Regelungen über:
_____
_____
_____
_____
_____
_____
_____
_____

Berufsübergreifende Rechtsgrundlage:
_____
(= Bundesgesetz)

Theoretische Ausbildung in _____ Teilzeit- oder _____

wird für den Groß- und Außenhandel geregelt durch →

→ bundeseinheitlichen _____

→ Richtlinien und Lehrpläne der Länder

© Westermann Gruppe

Übung 1.2: Besondere Herausforderungen in der Berufsausbildung

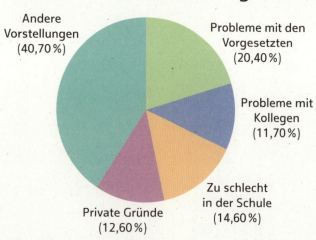

Gründe für den Ausbildungsabbruch
- Andere Vorstellungen (40,70 %)
- Probleme mit den Vorgesetzten (20,40 %)
- Probleme mit Kollegen (11,70 %)
- Zu schlecht in der Schule (14,60 %)
- Private Gründe (12,60 %)

Quelle: https://www.ausbildung.de/downloads/Azubi_Report_2016_Web_Farbe_Doppelseite.pdf. Abruf am 12.07.2016.

In jeder Berufsausbildung und in jedem Ausbildungsbetrieb gibt es zuweilen Meinungsverschiedenheiten und kleinere Konflikte. Das ist im Arbeitsleben ganz normal und der angemessene Umgang damit wird häufig „nebenbei" gelernt. Manchmal sind die Probleme jedoch massiv, z. B. wenn zulasten der Auszubildenden gegen Gesetze verstoßen wird. Im schlimmsten Fall führen derartige Probleme oder der falsche Umgang damit zum Ausbildungsabbruch. Um dies zu vermeiden, ist ein kluges Verhalten notwendig, das auf gesicherten Informationen fußt. Zuweilen sollten auch Personen hinzugezogen werden, die helfen können.

Gruppenarbeit:

Erstellen Sie einen „Notfallplan" für Auszubildende, in dem Sie eine sinnvolle Schrittfolge bei Problemen in der Ausbildung entwickeln. Die folgende Vorlage kann Ihnen dabei helfen – Sie können aber auch einen abweichenden Plan erstellen. Stellen Sie anschließend die Pläne in der Klasse vor und diskutieren Sie sie.

Ausgangspunkt: Es gibt ein Problem in der Ausbildung, das für uns so schwerwiegend ist, dass wir es bearbeiten sollten. Wir möchten uns nämlich nicht dauerhaft belasten, indem wir es einfach nur „aushalten". Andererseits möchten wir das Betriebsklima nicht unnötig stören.

Beispiel für ein solches Problem: _____

Schrittfolge: Was wir konkret machen	Welche Informationen für uns dabei hilfreich sind	Welche Personen uns dabei helfen können

Übung 1.3: Mitbestimmung nach dem Betriebsverfassungsgesetz (BetrVG)

Schreiben Sie die folgenden Begriffe und Zahlen an die passenden Stellen des Schaubildes: Information – Wirtschaftliche – Mitwirkung – Arbeitgeber – Betriebsverfassungsgesetz – Kontakte – Jugend- und Auszubildendenvertretung – 25 – Mitbestimmung. Im unteren Teil des Schaubildes sollen Sie Beispiele finden für die diversen „Angelegenheiten".

Mitbestimmung nach dem Betriebsverfassungsgesetz

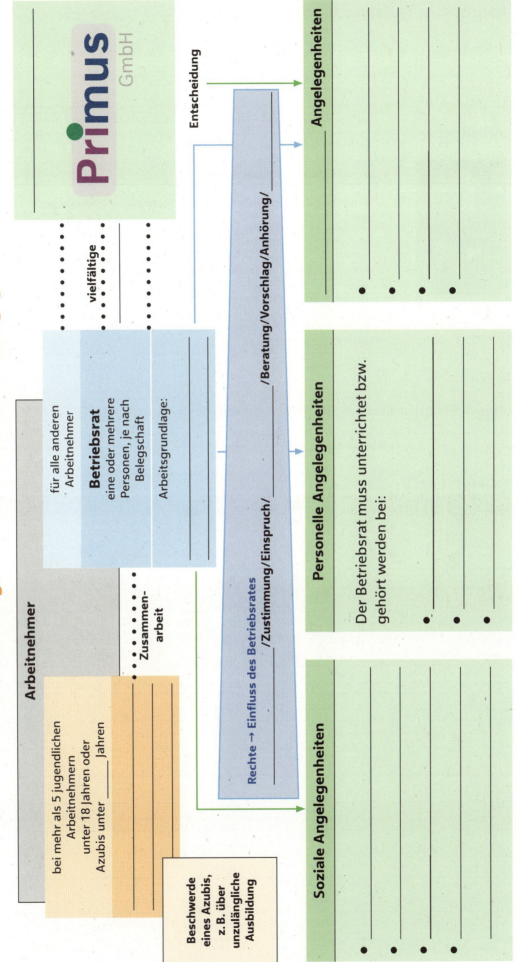

Übung 1.4: Tarifparteien und -vertrag

1. Ordnen Sie die in der Mitte stehenden Forderungen mit Pfeilen der passenden Tarifpartei zu.

Arbeitgeber-verband	Forderung	Gewerkschaften
	Urlaubsvergütung kürzen	
	Arbeitnehmereinkommen einfrieren auf dem bisherigen Stand	
	Übernahme von Auszubildenden für mindestens sechs Monate	
	zusätzliches Urlaubsgeld streichen	
	Erhöhung der Löhne, Gehälter und Ausbildungsvergütungen um 5,5 %	
	Vorziehen der vereinbarten Arbeitszeitverkürzung	
	Freistellung an Heiligabend und Silvester als Urlaub anrechnen	
	betriebliche Sonderregelungen erlauben	
	Verzicht auf betriebsbedingte Kündigungen während der nächsten zwölf Monate	
	Urlaubstage bei längeren Krankheiten und Kuren abziehen	

2. Beschreiben und erläutern Sie die nachstehende Karikatur.

Übung 1.5: Die Entgeltabrechnung

Georgios Paros ist Auszubildender in der Primus GmbH und befindet sich im dritten Ausbildungsjahr. Er verdient brutto 1154,00 € und erhält die folgende Gehaltsabrechnung.

Gehaltsabrechnung		8	2020

Arbeitgeber	Primus GmbH Koloniestraße 2-4 47057 Duisburg

Mitarbeiter/-in	Georgios Paros Kruppstraße 34 47058 Duisburg

Personal-Nr.		585/34
Krankenkasse		DAK
SV-Nummer		12 448754 K 857
PV-Zuschlag?		ja
Steuerklasse		1
Eintritt		01.08.20..
Austritt		

Bezeichnung	Position	Betrag
Bruttogehalt		1 154,00 €
	Gehalt	1 154,00 €
	Sonderzahlung	
Abzüge		243,90 €
	Steuer	9,35 €
	Lohnsteuer	8,66 €
	Kirchensteuer	0,69 €
	SolZ	0,00 €
	Versicherungen	234,55 €
	KV	92,90 €
	RV	107,32 €
	AV	13,85 €
	PV	17,60 €
	PV-Zuschlag	2,89 €
Nettogehalt		910,10 €
Auszahlungsbetrag		910,10 €

Diese Abrechnung findet Georgios nicht sehr übersichtlich und aussagekräftig.

Er möchte zudem wissen, wie sich die Abzüge und sein Nettogehalt verändern, wenn sich sein Bruttogehalt und/oder die Abschläge vom Gehalt verändern.

Dazu fertigt er eine einfache Tabellenkalkulation an. Zudem bittet er seine vertraute Kollegin Sabine Rost um deren Gehaltsangaben, um die Tabelle bzw. die darin enthaltenen Formeln zu überprüfen.

© Westermann Gruppe

Lernsituation 1 – Übungsaufgaben

1. Fertigen Sie gemäß dem nachstehenden Muster eine Tabellenkalkulation für Sabine Rost an. Die grau hinterlegten Felder sind mit Formeln zu versehen.

2. Nutzen Sie die Tabelle, um Ihre eigene Gehaltsabrechnung abzubilden. Orientieren Sie sich am aktuellen Tarifvertrag und ermitteln Sie, welches Bruttogehalt Sie benötigen, um ein für Sie gewünschtes Nettogehalt zu erzielen. Prüfen Sie auch die Auswirkungen, wenn sich die Beiträge zur Sozialversicherung verändern.

	A	B	C	D
1	Lohn-/Gehaltsabrechnung			
2	Personalnummer:	585/59		Primus GmbH
3	Monat:	1		Koloniestraße 2 – 4
4	Jahr:	2020		47057 Duisburg
5	Name:	Rost		
6	Vorname:	Sabine		
7	Straße:	Kortumstraße 70		
8	PLZ:	47057	Konfession:	rK
9	Ort:	Duisburg	Krankenkasse:	DAK
10	Geburtsdatum:	25.05.1978	SV-Nummer:	15 250678 R 899
11	Steuerklasse:	I	Kinderfreibetrag:	–
12		%	Euro	
13	Bruttogehalt		3 170,00 €	
14	+ vermögenswirksame Leistungen des AG		20,00 €	
15	+ Sonderzahlungen, Provisionen usw.		– €	
16	= Gesamtbruttogehalt			
17	– Lohnsteuer		453,41 €	
18	– Solidaritätszuschlag	5,50 %		
19	– Kirchensteuer	9,00 %		
20	– Krankenversicherung (AN)	7,85 %		
21	– Rentenversicherung	9,30 %		
22	– Arbeitslosenversicherung	1,20 %		
23	– Pflegeversicherung	1,525 %		
24	– Pflegeversicherungszuschlag	0,25 %		
25	= Nettogehalt			
26	– vermögenswirksames Sparen des AN		40,00 €	
27	– Sonstiges		– €	
28	Auszahlungsbetrag:			
29				

Zu 1.: Formeln

C 16	C18	C20	C25

© Westermann Gruppe

Lernsituation 2: Sie verschaffen sich einen Überblick über Unternehmensziele

Nicole Höver und Petra Jäger sind aktuell der Abteilung Verwaltung zugeordnet. Am heutigen Morgen findet die allwöchentliche Abteilungsleiterrunde statt. Nicole und Petra sind bereits aufgeregt, dass sie dabei sein dürfen. Die Geschäftsführerin der Primus GmbH, Frau Primus, berichtet von den aktuellen Vorhaben. *„Ziel ist es für uns, das Öko-Controlling in der Primus GmbH zu implementieren. Wir möchten den Einsatz von Energien kontinuierlich umweltverträglicher gestalten"*, sagt Frau Primus. *„Und, Nicole"*, fordert Frau Primus sie auf, *„kommt Ihnen das bekannt vor? Sie haben doch bestimmt im Rahmen Ihrer Ausbildung unsere Unternehmensphilosophie gelesen. Oder etwa nicht?"* *„Ja, sicher"*, antwortet Nicole schnell. *„Sehr schön, Nicole. Im Rahmen des Öko-Controllings möchten wir die Beleuchtung im Unternehmen erneuern oder die Wärmeisolierung am letzten Gebäudeabschnitt durchführen"*, berichtet Frau Primus. Daraufhin fällt ihr die Abteilungsleiterin Verwaltung, Frau Berg, ins Wort: *„Wir müssen aber Kosten sparen! Das sind bestimmt hohe Investitionskosten! Unser Ziel sollte es lieber sein, Kosten zu sparen! Immer dieser Umweltschutz! Das kann ich gar nicht nachvollziehen! Also, ich bin dagegen!"* *„Ups"*, flüstert Nicole Petra zu, *„und jetzt?"* Frau Primus reagiert sofort auf Frau Bergs Bedenken, indem sie sagt: *„Frau Berg, ich werde Ihnen bis zur nächsten Abteilungsleiterrunde weitere Informationen zu meinen Zielen zukommen lassen, vielleicht sehen Sie dann auch die Vorteile von unseren Vorhaben. Wir sehen dann nächste Woche weiter."*

Beschreibung und Analyse der Situation

Die Geschäftsführerin der Primus GmbH, Frau Primus, und die Abteilungsleiterin Verwaltung, Frau Berg, haben unterschiedliche Ansichten bezüglich der im Unternehmen zu verfolgenden Ziele. Erläutern Sie die unterschiedlichen Ansichten.

_____
_____
_____
_____
_____
_____

Planen und durchführen

Da in der Verwaltung einige Mitarbeiter krankheitsbedingt ausgefallen sind und Frau Berg zu einem Außentermin zum Steuerberater fahren muss, legt Frau Berg Nicole und Petra die nachfolgende Hausmitteilung vor. Sie bittet beide, sich mit den Projekten kritisch auseinanderzusetzen und ihr einen begründeten Vorschlag zu unterbreiten, ob eines der beiden Projekte durchgeführt werden soll.

Nutzen Sie als Hilfestellung die aufgeführten Tabellen.

© Westermann Gruppe

Hausmitteilung

Sehr geehrte Damen und Herren,

morgen steht die nächste Abteilungsleiterrunde an, bei der wir uns entscheiden müssen, ob eines der beiden Öko-Controlling-Projekte durchgeführt werden soll. Uns stehen 40 000,00 € für die Durchführung zur Verfügung. Ich habe Ihnen weitere Informationen zu beiden Projekten aufgeführt:

Projekt 1 „Erneuerung der Beleuchtung"
Im Rahmen dieses Projekts würden in allen Büroräumen und in der Fertigung Neonröhren durch LED-Röhren ausgetauscht. Die Umsetzung dieses Projektes würde ca. 40 000,00 € betragen. Der Stromverbrauch der alten Neonröhren beläuft sich im Jahr auf 200 000 kW/h. Die neuen LED-Röhren hätten einen Verbrauch von 75 000 kW/h, bei gleichen Betriebsstunden. Eine kW/h kostet 0,20 €.

Projekt 2 „Wärmeisolierung"
Im Rahmen dieses Projekts würde die Wärmeisolierung am letzten Gebäudeabschnitt durchgeführt, dies spart Heizkosten. Auch diese Investition würde sich auf ca. 40 000,00 € belaufen. Ohne die Durchführung der Wärmeisolierung verbraucht die Heizung 50 000 l Heizöl pro Jahr, mit Wärmeisolierung würde dies nur 40 000 l Heizöl pro Jahr betragen. Ein Liter Heizöl kostet 0,90 €.

Bitte beachten Sie bei Ihrer Entscheidung folgende Kriterien:
- Wie hoch ist die Kosteneinsparung, wenn das jeweilige Projekt durchgeführt wird?
- Wann hat sich die Investition des jeweiligen Projekts amortisiert?
- Wie hoch ist die CO_2-Einsparung/die Senkung der Umweltbelastung bei Durchführung des jeweiligen Projekts?
  (Hinweis: 1 kW/h Strom = 0,59 kg CO_2, 1 l Heizöl = 3,2 kg CO_2)
- Welche Ziele werden verfolgt?

Bitte machen Sie sich bis zur morgigen Abteilungsleiterrunde Gedanken bezüglich der beiden Projekte, sodass wir in der Abteilungsleiterrunde eine Entscheidung treffen können.

Mit freundlichem Gruß

Sonja Primus

Nebenrechnung für das Projekt 1 „Erneuerung der Beleuchtung"

Amortisation = Investitionskosten/Kosteneinsparung

Kosteneinsparung:

Amortisation:

CO_2-Einsparung/
Senkung der Umweltbelastung:

Ziele des Projekts 1 „Erneuerung der Beleuchtung"		
Wirtschaftliche Ziele	Ökologische Ziele	Soziale Ziele
___	___	___
___	___	___

Nebenrechnung für das Projekt 2 „Wärmeisolierung"

Kosteneinsparung:

Amortisation:

CO_2-Einsparung/
Senkung der Umweltbelastung:

Ziele des Projekts 2 „Wärmeisolierung"		
Wirtschaftliche Ziele	Ökologische Ziele	Soziale Ziele
___	___	___
___	___	___
___	___	___
___	___	___
___	___	___

Ihr begründeter Vorschlag an Frau Berg:

_____
_____
_____

© Westermann Gruppe

Bewerten

Überprüfen Sie die unten aufgeführten Aussagen hinsichtlich der Richtigkeit und begründen Sie Ihre Stellungnahme.

> Verfolgt ein Unternehmen gleichzeitig ein wirtschaftliches und ein ökologisches Ziel, so führt dies immer zu einem Zielkonflikt!

Ihre Stellungnahme zu dieser Aussage:

> Ökologische Ziele nehmen in Unternehmen einen immer höher werdenden Stellenwert ein!

Ihre Stellungnahme zu dieser Aussage:

Lernergebnisse sichern

Die Primus GmbH möchte ein professionelles Öko-Controlling einführen und nach EMAS zertifiziert werden. Informieren Sie sich über EMAS, indem Sie entweder das ausgeteilte Material oder das Erklärvideo „EMAS: Geschäftsmöglichkeiten und Umweltschutz miteinander verbinden" auf YouTube nutzen. Alternativ recherchieren Sie unter www.emas.de. Beantworten Sie dann die Fragen von Frau Berg.

© Westermann Gruppe

1. *„Was ist eigentlich EMAS?"*

_____
_____

2. *„Können Sie mir drei Ziele von EMAS nennen, damit ich weiß, wofür das Ganze gut ist?"*

_____
_____
_____
_____
_____
_____
_____
_____

Übung 2.1: Funktionen, Arten und Betriebsformen des Großhandels

a) Setzen Sie in die Lücken des folgenden Textes die treffenden Begriffe ein.

> Produktionsverbindungsgroßhandel – Raumüberbrückung – Zustellgroßhandel – Mengenausgleichs – Veredelung – Cash-and-carry-Großhandel – Service – Sortimentsbildung – Aufkaufgroßhandel – Absatz- oder Verteilungsgroßhandel – Bindeglied – Investitionsgütergroßhandel – Zeitüberbrückung – Abholgroßhandel

Die Funktionen, Arten und Betriebsformen des Großhandels sind überaus vielfältig. Betrachtet man den Güterfluss von der Erzeugung bis zum Verbrauch oder Gebrauch eines Gutes, so stellt der Großhandel ein _____ zwischen Erzeugern und Einzelhändlern, Großabnehmern und sonstigen Gewerbetreibenden dar. Der _____ nimmt als „klassische" Art des Großhandels vor allem die Funktion der _____ wahr: Die meisten Erzeuger von Gütern vertreiben diese national und international; bei Konsumgütern müssten dann z. B. sehr viele Einzelhändler beliefert werden. Dies würde extrem ineffizient sein, sodass ein Erzeuger sein Produkt zu einem Großhändler transportiert und dieser die Entfernung zu den Einzelhändlern überbrückt. Diese Funktion wird auch besonders in der „klassischen" Betriebsform des Großhandels, dem _____ betont. Der Großhandel beliefert seine Kunden mit den bestellten Waren mit eigenen Transportfahrzeugen oder durch den Einsatz von Frachtführern. Holt der Kunde die Ware selbst beim Großhandel ab, spricht man vom _____. Eine Sonderform dieser Betriebsform stellt der _____ dar, der einem Verbrauchermarkt sehr ähnlich ist, da die Kunden ihre Ware in der Verkaufsform Selbstbedienung beschaffen. Konzentriert sich der Großhandel auf den Handel von Gütern, die zur Herstellung anderer Güter verwendet werden, nennt man dies _____.

Eng verwandt mit dieser Art des Großhandels ist der _____. Hier liegt die Betonung auf der Verbindung unterschiedlicher Stufen der Erzeugung eines Produktes. In engem Zusammenhang damit ist auch die Funktion des _____ zu sehen, da z. B. Industrieunternehmen Produkte in großen Mengen produzieren und auch absetzen wollen – Mengen, die von einem einzelnen Endabnehmer häufig nicht gewünscht sind. Es ist aber auch ein gegenläufiger Ausgleich von Mengen denkbar: Wenn ein Großhändler von unterschiedlichen Erzeugern ein Produkt (z. B. einen Rohstoff) einkauft, und dann in großen Mengen weiterverkauft, spricht man vom _____. Zuweilen kommt es vor, dass die Erzeugung von Produkten und deren Verwendung in der Produktion oder im Konsum zeitlich auseinanderliegen. In diesem Fall wird die Funktion der _____ wichtig. Wenn der zeitliche Ausgleich zwischen Produktion und der weiteren Verwendung zusätzlich mit gewünschten Veränderungen/Verbesserungen (durch Reifung, Be- oder Verarbeitung) eines Gutes verbunden wird, kommt die Funktion der _____ zur Geltung. Schließlich dürfen zwei Funktionen des Großhandels, die von Kunden besonders geschätzt werden, nicht unerwähnt bleiben: Wenn z. B. ein Installateur Material für ein neues Badezimmer sucht oder ein Unternehmen die Büroräume neu gestalten möchte, so haben diese Kunden ein ganzes Bedarfsbündel, das aufgrund der Funktion der _____ im Großhandel abgedeckt werden kann. Wenn der Großhandel dann noch z. B. die Ware liefert, aufstellt und installiert oder Wartungsarbeiten durchführt, kommt die Funktion des _____ zum Ausdruck.

Hinweis: Die Funktionen „Markterschließung" und „Absatzfinanzierung" werden in dem Text nicht angesprochen.

b) Erstellen Sie mit Ihrem Smartphone einen kurzen Podcast oder ein Erklärvideo, in dem die Funktionen, Arten und Betriebsformen des Großhandels erläutert werden.

© Westermann Gruppe

Übung 2.2: Bedeutung des Außenhandels

1. Beschreiben Sie die Aussagen der nachstehenden Grafik „Deutschlands wichtigste Handelspartner"

   a) bezogen auf die Europäische Union,
   b) bezogen auf den Rest der Welt.
   c) Tauschen Sie sich über die internationalen Handelsbeziehungen Ihrer Ausbildungsbetriebe aus.

_____
_____
_____
_____
_____
_____
_____
_____

Deutschlands wichtigste Handelspartner
Angaben für 2019 in Milliarden Euro

Die größten Lieferanten (Einfuhr)

Land	Mrd. €
China	109,7
Niederlande	98,7
USA	71,4
Frankreich	66,1
Polen	57,6
Italien	57,1
Tschechien	47,9
Schweiz	46,3
Österreich	44,0
Belgien	43,1
Großbritannien	38,3
Spanien	33,2
Russland	31,2
Ungarn	28,9
Japan	23,9
Irland	17,7

Die größten Kunden (Ausfuhr)

Mrd. €	Land
118,7	USA
106,8	Frankreich
96,0	China
91,7	Niederlande
78,7	Großbritannien
68,1	Italien
65,9	Österreich
65,8	Polen
56,4	Schweiz
46,1	Belgien
44,9	Tschechien
44,3	Spanien
27,0	Ungarn
26,5	Russland
24,9	Schweden
20,7	Japan

Quelle: Statistisches Bundesamt (März 2020)   vorläufige Angaben   © Globus 13806

2. a) Beschreiben Sie anhand der Grafik „Deutschlands Außenhandel" die Entwicklung des Außenhandels in den letzten Jahren.
   b) Recherchieren Sie im Internet aktuelle Zahlen und Entwicklungen zum deutschen Außenhandel.

_____
_____
_____
_____
_____
_____
_____

© Westermann Gruppe

Lernsituation 2 – Übungsaufgaben

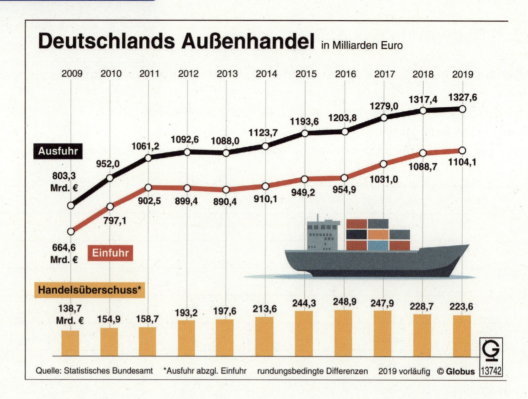

Übung 2.3: Organisation des Groß- und Außenhandelsbetriebes

Informieren Sie sich im Lehrbuch über die Organisation von Betrieben. Parallel dazu schauen Sie sich einen Ausschnitt aus der Aufbauorganisation in der Primus GmbH an:

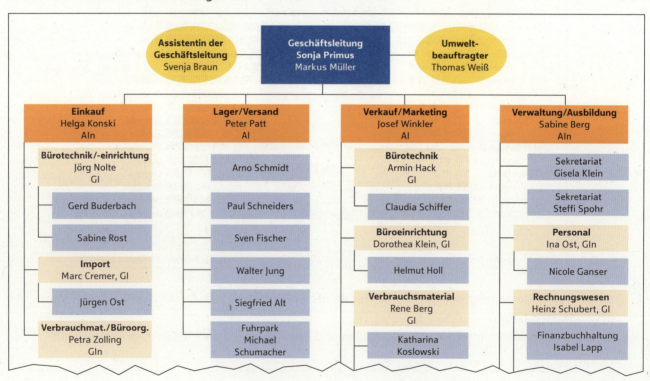

Nun ist es Ihnen möglich, die Lücken (...) im folgenden Text auszufüllen.

© Westermann Gruppe

Teil 1

Das ist Petra Zolling. Zu ihren Aufgaben bei der Primus GmbH gehört unter anderem das Auswerten von Lieferantenangeboten in den Warengruppen Bürotechnik/-einrichtung. Sie prüft dabei die Liefer- und Zahlungsbedingungen, die Qualität der Artikel und natürlich die Preise der einzelnen Lieferanten. Der gesamte Aufgabenbereich eines Mitarbeiters/einer Mitarbeiterin wird als _____ bezeichnet. Petra ist Gruppenleiterin. Ihre Gruppe bildet zusammen mit den Gruppen von Marc Cremer und Jörg Nolte die _____ „Einkauf". Die _____ leiterin ist Helga Konski.

Neben der Einkaufsabteilung gibt es bei der Primus GmbH noch die Abteilungen _____ (Leiter: Peter Patt), _____ (unter anderem mit der Gruppe Export) und _____ _____. Die Abteilungen wurden nach ihren Hauptaufgaben (Funktionen) gegliedert. Eine solche Gliederung bezeichnet man als Aufbauorganisation nach dem _____. Wären die Abteilungen nach Warengruppen gegliedert, würde man vom _____ sprechen. Zudem erhält jede Stelle nur von einer übergeordneten Stelle Weisungen, sodass man von einem _____ sprechen kann.

Teil 2

Petra ist sauer. Ständig kommt Marc Cremer und erteilt ihr irgendwelche Weisungen. Außerdem kritisiert er sie laufend. Eines Tages weist sie ihn zurecht: „Du hast mir gar nichts zu befehlen. Schau doch mal auf das _____ unseres Unternehmens. Dann siehst du nämlich sofort, wer hier wem irgendwas anordnen kann! (Anmerkung: Im Organigramm wird die _____ eines Unternehmens deutlich). Wie du siehst, ist die Stelle der Abteilungsleiterin ‚Einkauf' die einzige _____, die mir Weisungen erteilen kann. Und solltest du irgendwelche Beschwerden über mich haben, so halte dich doch bitte in Zukunft an den _____ und wende dich an Frau Konski!"

© Westermann Gruppe

Übung 2.4: Rechtsformen im Groß- und Außenhandel

1. Erarbeiten Sie sich in Einzelarbeit mit Ihrem Lehrbuch die folgende Übersicht. Vergleichen Sie Ihre Ausarbeitungen dann mit Ihrer Sitznachbarin/Ihrem Sitznachbarn. Klären Sie offene Fragen in einem Klassengespräch und ergänzen Sie Ihre Aufzeichnungen.

Kriterien	Einzelunternehmung	Kommanditgesellschaft	Gesellschaft mit beschränkter Haftung
Definition			Handelsgesellschaft mit eigener Rechtspersönlichkeit, deren Gesellschafter mit ihren Geschäftsanteilen am Stammkapital der Gesellschaft beteiligt sind, ohne persönlich zu haften
Gründung		• mindestens zwei Personen • formfreier Gesellschaftervertrag	
Firma	Sach-, Personen-, Fantasiefirma oder gemischte Firma mit dem Zusatz „eingetragene/-r Kauffrau/-mann" (e. K.)		
Kapitalaufbringung		• kein Mindestkapital erforderlich • verbesserte Möglichkeiten der Eigenfinanzierung durch Aufnahme neuer Kommanditisten	• 25 000,00 € Stammkapital • Nennbetrag der Geschäftsanteile je Gesellschafter mindestens 1,00 € • Fremdkapitalbeschaffung durch die beschränkte Haftung der GmbH begrenzt

Lernsituation 2 – Übungsaufgaben

Kriterien	Einzelunternehmung	Kommanditgesellschaft	Gesellschaft mit beschränkter Haftung
Haftung	Der Einzelunternehmer haftet allein und unbeschränkt (mit seinem Geschäfts- und Privatvermögen).		
Geschäftsführung (im Innenverhältnis)			durch die Geschäftsführer (Einzel- oder Gesamtgeschäftsführung möglich)
Vertretung (im Außenverhältnis)	allein durch den Einzelunternehmer		
Gewinnverteilung		• lt. Gesellschaftsvertrag • Wenn nichts geregelt ist im Gesellschaftsvertrag, dann gilt das HGB, d.h. 4 % auf das eingesetzte Kapital, Rest im angemessenen Verhältnis.	
Verlustverteilung			• Aufzehrung von Rücklagen • ggf. Verlustausgleich durch die Gesellschafter (Nachschusszahlung) • Bei Überschuldung droht die Insolvenz.

© Westermann Gruppe

2. Beurteilen Sie die folgenden Aussagen zu den einzelnen Unternehmensformen. Ordnen Sie eine

1 zu, wenn die Antwort zutrifft,

2 zu, wenn die Antwort nicht zutrifft.

a) Die Haftung bei der Einzelunternehmung bezieht sich nur auf das Geschäftsvermögen. ☐

b) Die Eintragung einer Einzelunternehmung erfolgt in das Handelsregister Abteilung A. ☐

c) Die Einzelunternehmung muss als Firmenzusatz die Abkürzung e.K. tragen. ☐

d) Der Komplementär einer Kommanditgesellschaft haftet unbeschränkt, unmittelbar und solidarisch. ☐

e) Ein möglicher Verlust wird bei einer Kommanditgesellschaft nach Köpfen verteilt. ☐

f) Alle Gesellschafter einer Kommanditgesellschaft haben Anspruch auf eine Kapitalverzinsung von 4 %, wenn genügend Gewinn zur Verfügung steht. ☐

g) Die Mindesthöhe des Stammkapitals beträgt bei einer GmbH 25 000,00 €. ☐

h) Die GmbH ist eine Personengesellschaft. ☐

i) Die Eintragung einer GmbH erfolgt in das Handelsregister Abteilung B. ☐

Lernsituation 3: Sie präsentieren Ihren Ausbildungsbetrieb

Nicole Höver wird auf ein Plakat aufmerksam, das am Schwarzen Brett der Primus GmbH hängt:

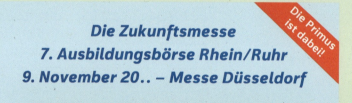

**Die Zukunftsmesse
7. Ausbildungsbörse Rhein/Ruhr
9. November 20.. – Messe Düsseldorf**

Die Primus ist dabei!

Keine Idee, wie es bei dir nach der Schule weitergehen soll?

Keine Vorstellung, welche Berufe du in der Region erlernen kannst?

Kein Bild, in welchen Unternehmen du eine für dich passende Ausbildung machen kannst?

Dann besuche die größte Ausbildungsbörse der Region Rhein/Ruhr in der Messe Düsseldorf!

Hier stellt sich eine Vielzahl von Unternehmen und Berufsschulen vor, die engagierte Auszubildende suchen. Ausbilder und Auszubildende werden die Berufe und ihre Unternehmen vorstellen; du kannst dich informieren und Kontakte knüpfen, sodass du bei Bewerbungen eher Erfolg haben wirst.

Außerdem kannst du dich an vielen interessanten Ständen der zuständigen Industrie- und Handelskammern, der Handwerkskammern sowie der Bundesagentur für Arbeit informieren.

Lernsituation 3:

Kurz darauf wird Nicole gemeinsam mit Andreas Brandt und Petra Jäger zu einer Besprechung mit Svenja Braun, Assistentin der Geschäftsleitung, gebeten. Frau Braun berichtet, dass die Primus GmbH bei der Messe einen Stand haben wird, der unter anderem von den Auszubildenden betreut werden soll. Außerdem gibt es eine Präsentation auf der Messe, bei der Auszubildende aus dem Großhandel ihre Unternehmen den Schulabgängern vorstellen sollen. Die Vorbereitung auf diese Präsentation findet in den Betrieben und in Gruppen einer ausgewählten Berufsschulklasse statt.

„Ich bin froh, dass Sie für diese Aufgabe ausgewählt wurden", sagt Frau Braun. *„Ihre Lehrerin, Frau Schlüter, unterstützt das Vorhaben. Sie wird Sie in Gruppen einteilen, die dann weitgehend selbstständig an der Präsentation arbeiten. Ich verspreche mir davon, dass Sie so Ihre Teamfähigkeit steigern und unser Unternehmen professionell präsentieren. Schließlich wollen wir noch mehr engagierte Auszubildende, wie Sie es sind!"*

Beschreibung und Analyse der Situation

Für die Vorbereitung und Durchführung der Präsentation wird in der Schule wertvolle Unterrichtszeit eingesetzt. Erläutern Sie mögliche Lernergebnisse durch die Präsentationen, die den Aufwand rechtfertigen würden.

___

___

___

___

___

Es soll „professionell" präsentiert werden. Beschreiben Sie mindestens vier Merkmale, die für Sie eine professionelle Präsentation ausmachen.

___

___

___

___

Planen

Planen Sie Ihre Präsentation. Sie sollte zehn bis maximal 15 Minuten dauern. Die nachfolgenden Schritte helfen Ihnen, zielgerichtet vorzugehen.

Schritt 1: Zielgruppengerechte Auswahl der Präsentationsinhalte

Wählen Sie Merkmale aus, anhand derer Sie Ihren Ausbildungsbetrieb beschreiben wollen. Diese Merkmale sollten Sie natürlich selbst interessant finden. Achten Sie zudem auf Ihre Zielgruppe, d. h. Ihre Mitschülerinnen und Mitschüler. Was wird die wohl interessieren? Hier einige Anregungen für Merkmale, die Sie sicher nicht alle aufnehmen müssen und zu denen Sie eigene Ideen hinzufügen sollten:[1]

---

[1] Sollten Sie mit einem Merkmal nichts anzufangen wissen, nutzen Sie Ihre Gruppe, Ihr Lehrbuch und/oder Ihren Lehrer bzw. Ihre Lehrerin zur Hilfestellung.

© Westermann Gruppe

Lernsituation 3:

Firma und Logo	Unternehmensphilosophie oder -leitbild	Standort	Rechtsform
Wichtige Grundsätze im Umgang mit Kunden	Unternehmensgeschichte	Anzahl und Struktur der Mitarbeiterschaft	Vertriebswege
Größe des Betriebes (m², Abteilungen, Artikel)	Aufbau des Betriebes	Sortimentsaufbau	Serviceleistungen
_____ _____ _____	_____ _____ _____	_____ _____ _____	_____ _____ _____
_____ _____ _____ _____	_____ _____ _____ _____	_____ _____ _____ _____	_____ _____ _____ _____

Schritt 2: Informationen zu den gewählten Merkmalen sammeln und in eine sinnvolle Reihenfolge für die Präsentation bringen

Nutzen Sie für diesen Schritt Ihr eigenes Wissen und Ihre Erfahrungen aus dem Betrieb. Dies sollten Sie aber unbedingt ergänzen. Ihre Mitauszubildenden und Kollegen (insbesondere Ihr Ausbilder/Ihre Ausbilderin) sind wertvolle Informanten. Die Informationen können Sie hier stichwortartig sammeln. In der letzten Spalte können Sie mit einer Zahl die Reihenfolge für die Präsentation planen.

Gewähltes Merkmal	Informationen in Stichworten	Reihenfolge (1– …)

© Westermann Gruppe

Gewähltes Merkmal	Informationen in Stichworten	Reihenfolge (1– ...)

Schritt 3: Die grundsätzliche Form der Präsentation festlegen

Damit Ihre Präsentation interessant und anschaulich wird, sollten Sie sich eine geeignete Form überlegen. Hierbei sind unterschiedliche Visualisierungsformen (z. B. auf Plakat, Folien, Karten, Tafel oder mit einem Präsentationsprogramm) oder auch Darstellungen (z. B. Unternehmenspräsentation als Rollenspiel mit einem Kunden) denkbar. Halten Sie Ihre **Präsentationsentscheidung und deren Begründung** hier schriftlich fest:

_____
_____
_____

Schritt 4: Die Präsentation genau planen (Einstieg, Hauptteil, Schluss) und „proben"

Halten Sie den Ablauf und die Verantwortlichkeiten in einem Plan fest.

Individuelle Lösung, Beispiel:

Wann?	Wer? (Name)	Was? (siehe Info aus Schritt 2)
Einstieg		
Hauptteil		
Schluss		

© Westermann Gruppe

„Proben" Sie anschließend die Präsentation und diskutieren Sie in der Gruppe über Stärken und notwendige Änderungen.

Durchführen und bewerten

Führen Sie die Präsentation durch.
Als **Beobachter** machen Sie sich nach jeder Präsentation zunächst einige Notizen. Mit diesen Notizen wird es Ihnen leichtfallen, Ihren Mitschülerinnen und Mitschülern ein **konstruktives Feedback** zu geben:

Gruppe	Das (...) hat mir an der Präsentation gut gefallen, weil ...	Mein Tipp für die nächste Präsentation dieser Gruppe ...
1		
2		
3		
4		
5		

Lernergebnisse sichern

Sie waren an der Planung, Durchführung und Bewertung einer Präsentation beteiligt. Wo sehen Sie rückblickend Ihre Stärken und was wollen Sie besser machen, wenn Sie das nächste Mal vor eine derartige Aufgabe gestellt werden?

Präsentation	Meine Stärken	Was ich beim nächsten Mal besser machen möchte
Planen		

© Westermann Gruppe

Präsentation	Meine Stärken	Was ich beim nächsten Mal besser machen möchte
Durchführen		
Bewerten		

Übung 3.1: Grundsätze einer professionellen Präsentation

1. Entscheiden Sie, ob die nachfolgenden Aussagen richtig oder falsch sind.

Nr.	Aussage	Richtig/Falsch
1	Bei einer Präsentation gilt es, viel Inhalt „rüberzubringen". Schnelles Sprechen hilft dabei.	
2	Karteikarten oder Mindmaps helfen frei vorzutragen, ohne den roten Faden zu verlieren.	
3	Eine Präsentation ist eine ernste Sache. Lustige Bemerkungen sollte man sich daher sparen.	
4	Beim Einsatz von Medien sollte man den Blickkontakt zu den Zuhörern halten.	
5	Eine gute Präsentation verdient einen guten Abschluss. Sich für die Aufmerksamkeit zu bedanken, gehört dazu.	
6	Damit man nichts vergisst, sollte man seinen Vortrag vorlesen.	
7	Zu Beginn der Präsentation sollte man versuchen, Blickkontakt zum Publikum und speziell zu einer „netten" Person aufzunehmen.	
8	Eine Präsentation muss beeindrucken. Deshalb sollte sie stets technisch sehr aufwendig gestaltet werden.	
9	Um klarzumachen, dass man auch wirklich Ahnung hat, sollten schwierige Fachbegriffe in keiner Präsentation fehlen.	
10	Sprechpausen helfen den Zuhörern beim Hören und dem Redner beim (Vor-)Denken.	

© Westermann Gruppe

2. Korrigieren Sie die falschen Aussagen.

Nr.	Korrigierte Aussage
___	_____
___	_____
___	_____
___	_____
___	_____

3. Folien und Präsentations-Charts – was ist zu beachten?
Beschreiben Sie, welche Grundsätze sowohl bei der Präsentation mit Folie und Overheadprojektor als auch bei der Arbeit mit einem Präsentationsprogramm und Beamer zu beachten sind.

_____
_____
_____
_____
_____
_____
_____
_____

Übung 3.2: Den eigenen Standpunkt vertreten – überzeugend, wertschätzend und kooperativ

In der Primus GmbH wird als Personalentwicklungsmaßnahme ein Teamtraining von einer Unternehmensberatung durchgeführt. *„Sie werden einiges über sich selbst innerhalb der Gruppe erfahren und wir werden an Ihrer Kommunikation und Ihrem Vertrauen untereinander arbeiten"*, kündigt die Trainerin an. Nach einer ersten Runde, in der alle Teilnehmer ihre Erwartungen und Sorgen äußern konnten, wird die erste Übung durchgeführt:

Das Seenot-Spiel

Stellen Sie sich vor, Sie fahren mit einem Schiff über den Ozean und sind noch rund tausend Kilometer vom Festland entfernt. Unerwartet tritt ein Notfall ein und das Schiff geht langsam unter. Sie können sich mit einigen anderen noch auf ein Rettungsruderboot ohne Motor retten, das genug Platz für alle bietet. In der Jackentasche haben Sie nur einige persönliche Gegenstände (Geld, Feuerzeug usw). In der Not kann die Gruppe noch fünfzehn Gegenstände auf das Rettungsboot mitnehmen.

1. Tauschen Sie sich aus und halten Sie die Ergebnisse fest:
    a) Welche Ziele verfolgen Unternehmen mit Teamtrainingsmaßnahmen?
    b) Welche Befürchtungen haben Mitarbeiter zuweilen im Zusammenhang mit einem Teamtraining?
    c) Worum könnte es beim Seenot-Spiel „eigentlich" gehen?

© Westermann Gruppe

_____
_____
_____
_____
_____
_____
_____
_____
_____
_____
_____
_____
_____

2. Das Spiel verläuft in drei Schritten:

Schritt 1: Individuelle Lösung

In der nachstehenden Liste sind die 15 mitgenommenen Gegenstände aufgelistet. Bringen Sie in **Einzelarbeit** diese Gegenstände in eine Rangfolge von

1 = am wichtigsten bis
15 = am unwichtigsten

Nutzen Sie dazu die zweite Spalte der Tabelle. Sie haben dazu **6 Minuten** Zeit.

Schritt 2: Gruppenlösung

Bilden Sie Gruppen (max. 5 Personen) und fällen Sie **innerhalb Ihrer Gruppe** eine Entscheidung bezüglich der Rangordnung, mit der möglichst jedes Gruppenmitglied einverstanden ist.

Nutzen Sie dazu die dritte Spalte der Tabelle. Für Ihre Gruppenentscheidung haben Sie max. **30 Minuten** Zeit.

Gegenstände	Meine Rangfolge	Unsere Rangfolge
Angel samt Zubehör		
10 Liter Dieseltreibstoff		
Harpune		
4 m² Kunststofffolie		
Moskitonetz		

© Westermann Gruppe

Lernsituation 3: – Übungsaufgaben

Gegenstände	Meine Rangfolge	Unsere Rangfolge
Notrationen (Nahrung)		
5 m Nylonseil		
2 Liter hochprozentiger Rum (80 %)		
2 Kartons Schokolade		
Schwimmweste		
Seekarte		
Sextant		
kleiner Spiegel		
Transistorradio (inkl. Batterien)		
20 Liter Trinkwasser		

Schritt 3: Auswertung

Lassen Sie sich von Ihrer Lehrerin / Ihrem Lehrer die Lösungen zu der Aufgabe (mit kurzen Begründungen) geben. Tragen Sie die Lösung in den nachstehenden Auswertungsbogen ein. Errechnen Sie, wie weit die individuellen Rangordnungen der Gruppenmitglieder, das Durchschnittsergebnis der Einzelpersonen sowie das Gruppenergebnis von der Musterlösung abweichen. Beschreiben Sie abschließend das Ergebnis.

Seenot-Spiel – Individual- und Gruppenrangordnung

Gegenstände	Lösung Rating	Name ____	Name ____	Name ____	Name ____	Name ____	Gruppe
Angel samt Zubehör							
10 Liter Dieseltreibstoff							
Harpune							
4 m² Kunststofffolie							
Moskitonetz							
Notrationen (Nahrungen)							
5 m Nylonseil							
2 Liter hochprozentiger Rum (80 %)							
2 Kartons Schokolade							
Schwimmweste							
Seekarte							
Sextant							
kleiner Spiegel							
Transistorradio (inkl. Batterien)							
20 Liter Trinkwasser							
Summe der Differenzen							

Durchschnittliche Differenz der Individualentscheidungen: _____

© Westermann Gruppe

Bewertung der Differenzsumme:

0–25	Spitze
26–32	Sehr gut
33–45	Gut

46–55	Durchschnitt
56–70	Mäßig
71–112	Werden Sie bloß kein Seemann ☺

_____
_____
_____
_____

Tragen Sie das Ergebnis Ihrer Auswertung in der Klasse vor. Diskutieren Sie im Plenum, wie die Ergebnisse im Hinblick auf die **Vorteilhaftigkeit von Teamarbeit** zu bewerten sind. Sammeln Sie auch die **Erfolgsfaktoren** für eine erfolgreiche Teamarbeit.

Halten Sie die Ergebnisse des Klassengesprächs hier fest.

_____
_____
_____
_____
_____
_____
_____
_____
_____
_____
_____
_____
_____
_____
_____
_____
_____
_____

---

[1] Quelle: Vgl. Philipp, Elmar: Teamentwicklung in der Schule – Konzepte und Methoden, 4. Auflage, Weinheim und Basel: Beltz 2006, S. 106.

© Westermann Gruppe

Gruppenprozessanalyse[1]

Bitte geben Sie an, inwieweit Sie mit den unten stehenden Aussagen übereinstimmen. Tun Sie dies zunächst individuell. Nachdem jedes Gruppenmitglied für sich die Punkte 1 bis 14 ausgefüllt hat, zeichnen Sie bitte das unten stehende Schema auf einen großen Bogen Papier. Dann gibt jedes Mitglied seine Meinung mit einem Strich im entsprechenden Feld an, damit Sie ein Bild des Gruppengefühls erhalten. Falls dieses Bild in Ihnen den Wunsch nach einer Diskussion über eventuelle Ursachen weckt, dann diskutieren Sie darüber. Es könnte sich bewähren, dieses Schema an der Wand hängen zu lassen, um im Verlauf der Gruppenarbeit auftretende Veränderungen zu diskutieren.

	A	B	C	D	E	F
Die Gruppe analysierte die Probleme richtig.						
Wir hatten klare und von allen akzeptierte Arbeitsziele.						
Ich war mit der Art zufrieden, wie wir dem Problem auf den Leib rückten.						
Wir überprüften während der Arbeit laufend die Zweckmäßigkeit unseres Vorgehens.						
Alle Ideen der Gruppenmitglieder wurden festgehalten.						
Wir unterstützten uns während der Gruppenarbeit gegenseitig.						
Ich hörte aufmerksam zu, wenn andere sprachen.						
Die anderen hörten aufmerksam zu, wenn ich etwas zu sagen hatte.						
Meine Fähigkeiten kamen voll zur Geltung und wurden von der Gruppe genutzt.						
Die Fähigkeiten der anderen kamen voll zur Geltung und wurden von der Gruppe genutzt.						
Ich fühlte mich in meiner Rolle ruhig und wohl.						
Die Gruppe wurde nicht durch ein oder mehrere Mitglieder dominiert.						
Es gab keine Konkurrenzkämpfe zwischen Gruppenmitgliedern, die die Effizienz der Arbeit reduzierten.						
Jede/Jeder fühlte sich verantwortlich.						
Alle nahmen sich und die anderen ernst.						
Das Interesse am Problem war groß.						

A = Dieser Aussage kann ich vorbehaltlos zustimmen.
B = Dieser Aussage kann ich nur mit einigen Vorbehalten zustimmen.
C = Ich bin nicht ganz sicher, doch würde ich dieser Aussage eher zustimmen.
D = Ich bin nicht ganz sicher, doch würde ich diese Aussage eher ablehnen.
E = Diese Aussage muss ich mit einigen Vorbehalten ablehnen.
F = Diese Aussage muss ich vollständig ablehnen.

© Westermann Gruppe

Übung 3.3: Neue Rollen – neue Erwartungen

Für die meisten Auszubildenden ist die Ausbildung der erste klare Schritt in die Berufswelt. Das ist sicher sehr spannend, aber im Vergleich zu Kindheit und Jugend auch mit neuen Erwartungen von außen verbunden. Die Rolle eines/einer Auszubildenden ist jedoch auch nicht gleichzusetzen mit der eines/einer zumeist fertig ausgebildeten und erfahrenen Angestellten im Unternehmen. Bearbeiten Sie zunächst in Einzelarbeit die nachfolgenden Fragen. Sammeln und diskutieren Sie anschließend Ihre Ergebnisse in einer Kleingruppe oder in der gesamten Klasse.

© Westermann Gruppe

Prüfungsorientierte Aufgaben
Kaufmann/Kauffrau für Groß- und Außenhandelsmanagement

1. Aufgabe
Die Primus GmbH überlegt, wie sie ihre Mitarbeiter zum Mitdenken hinsichtlich der Einbringung von Verbesserungsvorschlägen, welche sich z. B. auf die Vereinbarkeit von auf Ökologie und Ökonomie beziehen, bewegen kann. Wählen Sie eine der unten aufgeführten Ideen aus, welche Sie als geeignet erachten, um das Vorschlagswesen bei den Mitarbeitern zu fördern.

1. Die Primus GmbH lockt ihre Mitarbeiter damit, dass die Vorschläge beim Patentamt angemeldet werden. ☐
2. Geeignete Vorschläge der Mitarbeiter werden von der Geschäftsleitung mit Geldprämien belohnt. ☐
3. Die Verbesserungsvorschläge werden in der Betriebszeitschrift veröffentlicht, welche jedes Quartal erscheint. ☐
4. Nur die Geschäftsleitung erfährt von den Vorschlägen der Mitarbeiter. ☐

2. Aufgabe
Die Geschäftsleitung der Primus GmbH möchte eine umweltorientierte Unternehmensführung verfolgen und beabsichtigt, in Zukunft die Energieverwendung, wenn möglich, zu reduzieren. Dazu liegen verschiedene Vorschläge vor. Kreuzen Sie den Vorschlag an, welcher diesem Vorhaben widerspricht.

1. Die Primus GmbH verwendet nur noch Umweltpapier. ☐
2. Die Primus GmbH verwendet nur noch Energiesparlampen. ☐
3. Die Primus GmbH ersetzt alle Lkws, welche einen hohen Verbrauch und hohe Abgaswerte haben. ☐
4. Die Primus GmbH erweitert die Just-in-time-Belieferung, da so die Lagerkosten minimiert werden und somit auch die Energiekosten für das Lager. ☐

3. Aufgabe
Im Rahmen der Verfolgung der umweltorientierten Unternehmensführung in der Primus GmbH soll ebenfalls auf die Mülltrennung geachtet werden. So sollen die Mitarbeiter Papier, Glas, Restmüll und Wertstoffe in separaten Behältern entsorgen. In Projektarbeit wurden die Inhalte aller vorhandenen Behälter gesichtet und in einer Liste registriert. Welcher Abfall gehört nicht in einen Wertstoffbehälter? Kreuzen Sie die richtige Antwort an.

1. Essensreste ☐
2. Getränkedose ☐
3. Süßigkeitentüte ☐
4. Joghurtbecher ☐
5. Tetrapakverpackung (Orangensaft) ☐

4. Aufgabe
In welchem Verzeichnis ist die Primus GmbH eingetragen?

1. im Handelsregister beim Amtsgericht in Duisburg in der Abteilung A ☐
2. im Handelsregister beim Amtsgericht in Düsseldorf in der Abteilung B ☐
3. im Handelsregister beim Amtsgericht in Duisburg in der Abteilung B ☐
4. im Handelsregister beim Landgericht in Düsseldorf ☐

© Westermann Gruppe

5. Aufgabe

Im Rahmen der Berufsausbildung ist der Ausbildungsrahmenplan von großer Bedeutung. Wo findet man den Ausbildungsrahmenplan? Kreuzen Sie die richtige Antwort an.

1. im Rahmenlehrplan ☐
2. im Berufsbildungsgesetz ☐
3. in der Ausbildungsordnung ☐
4. im Betriebsverfassungsgesetz ☐

6. Aufgabe

Mike Schiller, 17 Jahre, hat sich bei der Primus GmbH für einen Ausbildungsplatz zum/zur Kaufmann/Kauffrau für Groß- und Außenhandelsmanagement zum 01.08.2017 beworben. Am 13.12.2017 wird Mike jedoch erst volljährig. Wann muss der Berufsausbildungsvertrag von der Primus GmbH für Mike Schiller ausgestellt werden, wenn die Primus GmbH sich entschließt, Mike einzustellen? Kreuzen Sie die richtige Antwort an.

1. am 13.12.2017, wenn Mike volljährig ist ☐
2. Bis zum Ablauf der Probezeit muss der Ausbildungsvertrag ausgestellt sein. ☐
3. bis zum 01.08.2017 ☐
4. Nach Beginn der Ausbildung am 01.08.2017 hat die Primus GmbH noch eine Frist von einem halben Jahr, innerhalb dieser Frist muss der Ausbildungsvertrag ausgestellt sein. ☐

7. Aufgabe

Heinz Helbing und Klaus Weinert haben ihr Arbeitsverhältnis bei der Primus GmbH gekündigt mit dem Ziel, sich selbstständig zu machen und die Rechtsform der GmbH zu wählen. Ab wann kann die neu gegründete GmbH rechtswirksame Rechtsgeschäfte unter dem Namen der GmbH tätigen? Kreuzen Sie die richtige Antwort an.

1. indem die GmbH unternehmerische Tätigkeiten durchführt ☐
2. indem die Rechtswirksamkeit der GmbH in der Satzung geregelt wird ☐
3. indem die GmbH im Handelsregister eingetragen wird ☐
4. indem alle Gesellschafter ihre Geschäftsanteile eingelegt haben ☐

8. Aufgabe

Im Gesellschaftsvertrag der nun schon bereits seit mehr als einem Jahr bestehenden KG von Heinz Helbing und Klaus Weinert vereinbaren die Gesellschafter, dass bezüglich der Gewinnverteilung zunächst einmal alle Gesellschafter den im HGB festgelegten Prozentsatz (4 % auf die Kapitaleinlage) erhalten. Der Restgewinn wird im Verhältnis 7 (Komplementär): 3 (Kommanditist) aufgeteilt. Folgende Einlagen wurden durch die Gesellschafter eingelegt:

Komplementär (Helbing)	1 250 000,00 €
Kommanditist (Weinert)	750 000,00 €
Der Jahresgewinn betrug	300 000,00 €

Ermitteln Sie die jeweiligen Gewinnanteile von Heinz Helbing und Klaus Weinert.

Gesellschafter	Kapitaleinlage	4 % auf die Kapitaleinlage	Restgewinn-verteilung	Gesamt Gewinnanteil
Helbing				
Weinert				
Summe				

9. Aufgabe

Sabine Schwarz' Ausbildungsvertrag endet am 31.01. Ihre Prüfungstermine waren wie folgt:

Schriftliche Prüfung	am 15.11.
Mündliche Prüfung	am 15.01.

Nach der bestandenen mündlichen Abschlussprüfung geht Sabine wie gewohnt in ihrem Ausbildungsbetrieb arbeiten. Am heutigen Morgen (25.01.) trifft Sabine ihren Chef auf dem Flur. Dieser ist ganz verwundert, dass Sabine noch arbeitet, weil er der Meinung ist, dass das Ausbildungsverhältnis schon beendet sei, und er nicht beabsichtigt, Sabine zu übernehmen. Beurteilen Sie die Rechtslage und kreuzen Sie richtig an.

1. Ein Anstellungsvertrag ist bereits mit Bestehen der mündlichen Abschlussprüfung am 15.01. zustande gekommen. ☐
2. Sabines Ausbildung endet erst am 31.01. ☐
3. Mit Bestehen der mündlichen Prüfung ist das Ausbildungsverhältnis beendet. ☐
4. Es liegt ein unbefristetes Arbeitsverhältnis vor, weil Sabine nach dem 15.01. stillschweigend weiter beschäftigt wurde. ☐

10. Aufgabe

In welcher der unten aufgeführten Skizzen wird der stationäre Wirtschaftskreislauf richtig dargestellt?

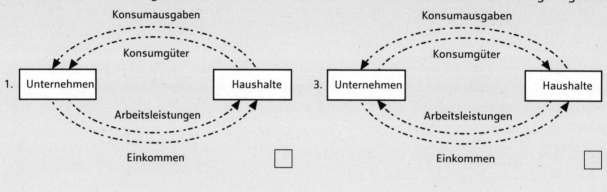

11. Aufgabe

Der Auszubildende Michael Klein erhält von seinem Ausbildungsbetrieb ein einfaches Zeugnis. Dieses enthält jedoch keine Leistungsbeurteilung. Hat Michael ein Anrecht auf ein qualifiziertes Zeugnis? Kreuzen Sie die richtige Aussage an.

1. Die Ausstellung eines qualifizierten Zeugnisses erfordert die Absprache mit dem Betriebsrat. ☐
2. Der Ausbildungsbetrieb muss auf Verlangen des Auszubildenden ein qualifiziertes Zeugnis ausstellen. ☐
3. Der Ausbildungsbetrieb muss jedem Auszubildenden ohne Verlangen ein qualifiziertes Zeugnis ausstellen. ☐
4. Michael hat keinen Anspruch auf ein qualifiziertes Zeugnis. ☐

© Westermann Gruppe

12. Aufgabe
Nicole Höver möchte aufgrund ihrer guten Schulnoten die Ausbildung verkürzen.
Wer entscheidet nach dem Berufsbildungsgesetz über die Verkürzung der Berufsausbildung?

1. der Klassenlehrer der Berufsschule, Herr Peter Meyer ☐
2. die Industrie- und Handelskammer in Duisburg ☐
3. der Schulleiter der Berufsschule, Herr Helmut Schneider ☐
4. die Geschäftsführer der Primus GmbH, Frau Sonja Primus und Herr Markus Müller ☐

13. Aufgabe
In welchem der unten aufgeführten Fälle handelt die Primus GmbH bei der Nutzung ihres firmeneigenen Lkw nach dem ökonomischen Prinzip als „Minimalprinzip"? Kreuzen Sie die richtige Aussage an.

1. Der Lkw wird für eine festgelegte Mindestnutzungsdauer von zehn Jahren eingesetzt. ☐
2. Der Lkw muss lt. der Geschäftsleitung immer einsatzbereit sein, jedoch die Reparatur- und Inspektionskosten sollen möglichst gering gehalten werden. ☐
3. Nach zehn Jahren wird der Lkw zu einem möglichst hohen Preis verkauft. ☐
4. Es steht ein festgelegtes Budget pro Jahr zur Verfügung, welches für Reparaturen und Inspektionen ausgegeben werden kann. ☐

14. Aufgabe
In welchem der unten aufgeführten Fälle handelt ein Möbelhersteller nach dem ökonomischen Prinzip als Maximalprinzip?

1. Bei der Produktion von 1 000 Schreibtischen versucht er, möglichst wenig Material zu verbrauchen. ☐
2. Er möchte durch eine Preissenkung eine Umsatzsteigerung herbeiführen. ☐
3. Aus zehn Metern Holz möchte er möglichst viele Schreibtische herstellen. ☐
4. Er möchte einen maximalen Erfolg mit minimalen Mitteln erzielen. ☐

15. Aufgabe
An der ABE Aktuell Büro-Einrichtungen KG (ein Konkurrenzunternehmen der Primus GmbH) in Duisburg sind der Komplementär Heinz Mahnen und die Kommanditistin Sabine Dahner beteiligt. Die Inhalte des Gesellschaftsvertrages entsprechen den gesetzlichen Regelungen. Welcher der unten aufgeführten Sachverhalte trifft auf die Kommanditistin Sabine Dahner zu? Kreuzen Sie die richtige Antwort an.

Sachverhalte:
1. Sabine Dahner vertritt die ABE Aktuell Büro-Einrichtungen KG nach außen. ☐
2. Sabine Dahner wäre an einem eventuellen Verlust nicht beteiligt. ☐
3. Sabine Dahner ist mit ihrer Einlage in Höhe von x € im Handelsregister eingetragen. ☐
4. Sabine Dahner als Kommanditistin muss der Erteilung der Handlungsvollmacht an Frau Müller (Sachbearbeiterin in der ABE KG) zustimmen. ☐

LERNFELD 2
Aufträge kundenorientiert bearbeiten

Lernsituation 1: Sie bearbeiten Anfragen von Neu- und Stammkunden mithilfe des Warenwirtschaftssystems

Der Abteilungsleiter Verkauf/Marketing in der Primus GmbH, Josef Winkler, bearbeitet allmorgendlich neue Kundenanfragen und -aufträge. Heute nimmt er eine telefonische Anfrage von dem Stammkunden Bürofachgeschäft Herbert Blank e.K. und eine schriftliche Anfrage von einem Neukunden, der bisher noch nicht bei der Primus GmbH eingekauft hat, entgegen. Für die Auszubildende Nicole Höver ist heute der erste Tag in der Abteilung Verkauf/Marketing. Herr Winkler beauftragt Nicole Höver damit, die Anfragen mithilfe des Warenwirtschaftssystems zu bearbeiten, und übergibt ihr seine Notiz des Telefongesprächs und die unten abgebildete schriftliche Anfrage des Neukunden.

Notiz

Telefonische Anfrage vom 06.03.20..:
2 Schreibtische Primo, Lieferung sofort nach Bestellungseingang, für Bürofachgeschäft Herbert Blank e.K.

Josef Winkler

Bürohaus Müller GmbH

Bürohaus Müller GmbH, Peterstraße 86, 46147 Oberhausen
Primus GmbH
Herrn Josef Winkler
Koloniestraße 2 – 4
47057 Duisburg

Ihr Zeichen:
Ihre Nachricht vom:
Unser Zeichen: HM
Unsere Nachricht vom:

Name: Hans Müller
Telefon: 0208 11126-11
Telefax: 0208 11126-45
E-Mail: mueller@buerohaus-mueller.de

Datum: 06.03.20..

Anfrage für 40 Schreibtische (Artikelnummer 159B574)

Sehr geehrter Herr Winkler,

wir benötigen in vier Wochen 40 Schreibtische (Artikelnummer 159B574).

Da wir noch nie bei Ihnen bestellt haben, bitten wir Sie, uns Ihren schnellstmöglichen Liefertermin mitzuteilen.

Bitte unterbreiten Sie uns ein Angebot zu oben genanntem Artikel.

Mit freundlichen Grüßen

Bürohaus Müller GmbH

Hans Müller
Hans Müller

Bürohaus Müller GmbH
Peterstraße 86
46147 Oberhausen

Telefon: 0208 11126-11
Telefax: 0208 11126-45
E-Mail: info@buerohaus-mueller.de
Internet: www.buerohaus-mueller.de

Handelsregistereintragung:
Amtsgericht Oberhausen
HRB 10005

Steuernummer: 137/4002/6410
USt-IdNr.: DE533956422

Geschäftsführer: Hans Müller

Bankverbindung:
Commerzbank Oberhausen
IBAN: DE23 3654 0046 0286 7784 30
BIC: COBADEFFXXX

© Westermann Gruppe

Beschreibung und Analyse der Situation

Erläutern Sie die besonderen Probleme, die sich für die Primus GmbH in Bezug auf den Neukunden ergeben können.

_____
_____
_____
_____

Beschreiben Sie, warum Kundenanfragen mithilfe des Warenwirtschaftssystems (WWS) bearbeitet werden sollten.

_____
_____
_____

Planen

Sammeln Sie in Ihrer Gruppe zunächst alle relevanten Arbeitsschritte der Auftragsbearbeitung, die bei einer Kundenanfrage getätigt werden müssen. Stellen Sie diese Prozesskette in den Schritten 1–9 dar.

1. Schritt	Anfrage eines Kunden
2. Schritt	_____
3. Schritt	_____
4. Schritt	_____
5. Schritt	_____
6. Schritt	_____
7. Schritt	_____
8. Schritt	_____
9. Schritt	Belieferung des Kunden

Erläutern Sie drei zentrale Aspekte, welche von der Primus GmbH im Rahmen der Auftragsbearbeitung besonders zu prüfen sind.

_____
_____
_____
_____

© Westermann Gruppe

Lernsituation 1

Durchführen

Als Nicole im Rahmen der Auftragsbearbeitung in das Warenwirtschaftssystem geht, öffnet sie die folgenden Masken:

Name der Datei: _____   Name der Datei: _____

[Screenshot Artikel: 159B574 – Nummer 159B574, Gruppe 2, Lieferant 5621, Bez Schreibtisch Primo, L-Art.-Nr. 100201, Letzte Kalk. 26.03.20.., Vorh. EK 98.77, Bestand 69.00, Einheit Stück, Res. Menge 0.00, VPE 1.00, Währung EUR, Eink.-Preis 96.59, Preiseinheit 1, Warenwert 6664.71 EUR, Aufschlag % 120.002, Bestand aktualisieren ✓, MwSt 19.00, Nettopreis 212.50, Lagerort C I - II, Bruttopreis 252.88, Notiz: Meldebestand 40, Höchstbestand 80]

[Screenshot Adresse bearbeiten – Nummer 8671, Kennung kunde, Debitor D24030, Anrede Firma, Umsatz 61957.56 EUR, Vorname Herbert, Offen 61957.56 EUR, Name Blank e.K., 1. Kontakt 16.02.1996, Name 2 Bürofachgeschäft, Kontakt 06.03.20.., Straße Cäcilienstr. 86, 1. Tel. 0208-11.360, Land D, PLZ 46147, 2. Tel., Ort Oberhausen, FAX 0208-111345]

Listen Sie aus den abgebildeten Dateien die Informationen auf, die wichtig für Ihre Auftragsbearbeitung sind.

Artikeldatei Schreibtisch Primo:

_____
_____
_____
_____
_____
_____
_____

Kundendatei Bürofachgeschäft Herbert Blank e. K.:

_____
_____
_____

Führen Sie die ausgewählten Prüfschritte der Auftragsbearbeitung vor dem konkreten Hintergrund der Informationen aus dem Warenwirtschaftssystem durch.

1. Überprüfung der eigenen Lieferwilligkeit

_____
_____
_____
_____

© Westermann Gruppe

2. Überprüfung der eigenen Lieferfähigkeit

3. Überprüfung der Kreditwürdigkeit des Kunden

Entscheiden Sie, welche Zahlungsart Sie dem Bürofachgeschäft Herbert Blank e.K. und dem Neukunden Bürohaus Müller GmbH anbieten sollten. Setzen Sie zur besseren Entscheidungsfindung zunächst die fehlenden Begriffe in die nachfolgende Übersicht ein.

Einzusetzende Begriffe:

Sofortzahlung – z. B. „zahlen Sie in einer Summe" – Zahlung nach der Lieferung – Ratenzahlung – Zahlung auf Ziel – z. B. „Zahlung gegen Nachnahme" – Zahlung bei der Lieferung – z. B. „Zahlung in drei Raten" – Zahlung vor der Lieferung

Zahlungsarten können unterschieden werden nach

dem Zahlungszeitpunkt → der Zahlungssumme

1. _____
z. B. „gegen Vorkasse"
= Vorauszahlung

1. Zahlung in einer Gesamtsumme
_____
= _____

2. _____
z. B. „sofort Kasse"
= _____

2. Zahlung in verschiedenen Beträgen
_____
= _____

3. _____
z. B. „Zahlung innerhalb von 30 Tagen"
= _____

Vorschlag: Zahlungsart für den Stammkunden Bürofachgeschäft Herbert Blank e.K.

_____
_____
_____
_____
_____
_____

Vorschlag: Zahlungsart für den Neukunden Bürohaus Müller GmbH

_____
_____
_____
_____

© Westermann Gruppe

Beschreiben Sie, was Sie in der Artikeldatei beim Schreibtisch Primo zur Sicherung der Lieferbereitschaft spätestens bei der Bestellung der Kunden unbedingt beachten sollten.

___

___

___

___

___

Bewerten

Bilden Sie aus Ihrer Gruppe Zweierteams. Gehen Sie anschließend mit einem anderen Paar aus einer anderen Gruppe zusammen und vergleichen Sie über Kreuz Ihre bisherigen Ergebnisse.

Ergänzen Sie ggf. fehlende Punkte in Ihren bisherigen Gruppenarbeitsergebnissen.

Lernergebnisse sichern

Denken Sie in Einzelarbeit über Ihren zurückliegenden Arbeitsprozess nach und verfassen Sie eine Zusammenfassung. Die Überschriften sind bereits vorgegeben.

Die Aufgaben eines Warenwirtschaftssystems sind im Wesentlichen:

___

___

___

___

___

Der Großhändler erhält über das Warenwirtschaftssystem Informationen über:

___

___

___

___

___

Der Großhändler profitiert von einem elektronischen Warenwirtschaftssystem, weil:

___

___

___

___

Übung 1.1: Warenwirtschaftssystem

1. Erläutern Sie die folgenden Begriffe.

Begriff	Beschreibung
Warenwirtschaftssystem	
Datenbank	
Datei	
Datensatz	
Datenfeld	
Zeichen	

2. Ordnen Sie die beschriebenen Begriffe „Datensatz", „Zeichen", „Datenbank", „Datenfeld" und „Datei" in der folgenden Übersicht links ein.

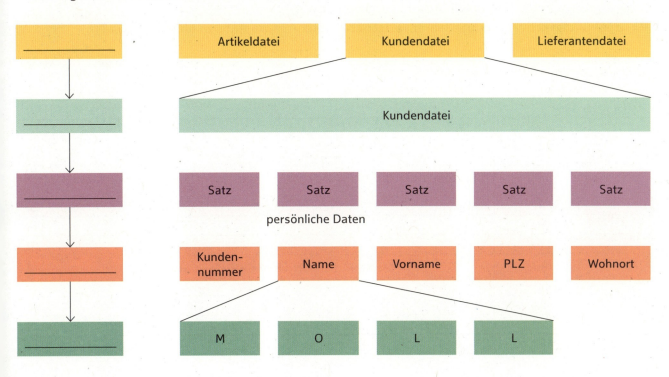

© Westermann Gruppe

3. Im Warenwirtschaftssystem werden unterschiedliche Datenarten verarbeitet. Beschreiben Sie die unterschiedlichen Datenarten.

Unterscheidung nach der Veränderbarkeit		
Datenart	Erläuterung	Beispiel
Stammdaten		
Bewegungsdaten		

Unterscheidung nach der Stellung bei der Verarbeitung		
Datenart	Erläuterung	Beispiel
Eingabedaten		
Ausgabedaten		

Unterscheidung nach dem verwendeten Zweck		
Datenart	Erläuterung	Beispiel
Ordnungsdaten		
Rechendaten		

4. Prüfen Sie, welche Daten in der abgebildeten Lagerdatei in jedem Fall ausschließlich Stammdaten darstellen. Tragen Sie die richtige Antwort in das Kästchen ein. ☐

   1. A   2. B   3. C   4. E   5. F

Lagerdatei   Lagerort: IV-24-55
Artikelnummer: [B] 159B574
Artikelbezeichnung: Schreibtisch Primo

Datum	Zugang	Abgang	Bestand
1. Februar		10	[D] 50
12. Februar	[A] 100	5	145
25. Februar		15	130
1. März		5	125
6. März		5	120
7. März		10	110
8. März	10	10	110
12. März	[E] Bestand	lt. Inventurliste vom 12. März Wagner	98
13. März			98
14. März	50		148
15. März		[C] 15	133

© Westermann Gruppe

Übung 1.2: Schreib- und Gestaltungsregeln eines Geschäftsbriefes nach DIN 5008

1. Beschreiben Sie die folgenden Abschnitte eines Geschäftsbriefes und erläutern Sie, was beim Verfassen im jeweiligen Briefabschnitt nach DIN-Norm 5008 zu beachten ist.

Abschnitte	Beschreibung
Anschriftfeld	
Bezugszeichen	
Betreff	
Anrede	
Brieftext	
Grußformel	
Unterschrift	
Anlagenvermerk	

2. Schreiben Sie die unten aufgeführten Anschriften nach der DIN 5008 in die dafür vorgesehenen Anschriftfelder.

© Westermann Gruppe

a) Herrn Helmut Meyer, Lenneper Straße 85, 42855 Remscheid
b) Frau Erika Blocker, Großstraße 42, 42929 Wermelskirchen, Eilzustellung
c) Einwurf-Einschreiben, Frau Sabine Schmitz, 52223 Stolberg, Bergstraße 17
d) Herrn Dr. Dirk Woll, Rechtsanwalt, Benrather Straße 45 b, 40213 Düsseldorf
e) Geschäftsbrief an Frau Dr. Sabine Schneider bei der Sparkasse Duisburg, Postfach 11223, 47057 Duisburg
f) Privatbrief an Herrn Klaus Gessner, Neumann & Schneider KG, Hauptstraße 9, 98693 Ilmenau

a)
5
4
3
2
1
1
2
3
4
5
6

b)
5
4
3
2
1
1
2
3
4
5
6

c)
5
4
3
2
1
1
2
3
4
5
6

d)
5
4
3
2
1
1
2
3
4
5
6

e)
5
4
3
2
1
1
2
3
4
5
6

f)
5
4
3
2
1
1
2
3
4
5
6

3. Füllen Sie die Bezugszeichen aufgrund des folgenden Sachverhalts aus.
   a) Nicole Höver schreibt am 20.01.20.. eine Anfrage an einen Hersteller. Ihre Telefonnummer lautet 0203 44536-92, ihre E-Mail-Adresse: n.hoever@buero-klein.de.
   b) Nicole Höver erhält von Herrn Berg am 22.01.20.. ein Angebot auf die Anfrage. Nicole Höver bestellt aufgrund des Angebots am 24.01.20.. .

a)
Ihr Zeichen:
Ihre Nachricht vom:
Unser Zeichen
Unsere Nachricht vom:

Name:
Telefon:
E-Mail:

Datum:

b)
Ihr Zeichen:
Ihre Nachricht vom:
Unser Zeichen:
Unsere Nachricht vom:

Name:
Telefon:
E-Mail:

Datum:

© Westermann Gruppe

Lernsituation 2: Sie berücksichtigen die Geschäftsfähigkeit als Voraussetzung für das Zustandekommen von Verträgen

Die 15-jährige Petra Kurscheid erhält von ihren Eltern im Monat 50,00 € Taschengeld. In der Verkaufsboutique der Primus GmbH, in der Letztverbraucher einmal pro Woche Waren kaufen können, schließt sie mit dem Auszubildenden Andreas Brandt einen Kaufvertrag für einen Schreibtischstuhl über 350,00 € ab. Petra zahlt den Kaufbetrag von ihrem gesparten Taschengeld. Als ihre Eltern von dem Kaufvertrag erfahren, widerrufen sie bei der Primus GmbH den Vertrag mit der Begründung, dass ihre Tochter noch nicht voll geschäftsfähig sei und folglich auch keine rechtswirksame Willenserklärung abgeben könne.

Beschreibung und Analyse der Situation

Beschreiben Sie, weshalb es zu dieser für den Auszubildenden Andreas Brandt unangenehmen Situation gekommen ist und welche möglichen Konsequenzen folgen könnten.

_____
_____
_____
_____
_____
_____
_____
_____
_____
_____

Planen und durchführen

1. Erarbeiten Sie den Begriff „Geschäftsfähigkeit" und vervollständigen Sie in der folgenden Übersicht, welche Stufen der Geschäftsfähigkeit unterschieden werden. Bereiten Sie einen Kurzvortrag vor, in dem Sie den folgenden Begriff erklären und zu der Handlungssituation Stellung beziehen.

| Geschäftsfähigkeit | _____ |
| | _____ |

© Westermann Gruppe

Geschäftsfähigkeit

Stufen

		volle Geschäftsfähigkeit

Personen

• unter 7 Jahren • Personen mit andauernder krankhafter Störung der Geistestätigkeit (§ 104 BGB		

Rechtsfolge

	Eigene Willenserklärungen sind schwebend unwirksam, bis der gesetzliche Vertreter zustimmt (Einwilligung vorher oder Genehmigung nachher). Bei Ablehnung durch den gesetzlichen Vertreter ist das Rechtsgeschäft nichtig (§ 108 Abs. 1 BGB).	

Ausnahmen

	• Rechtsgeschäfte im Rahmen des selbstständigen Betriebs eines Erwerbsgeschäfts (§ 112 BGB)	

2. Wie beurteilen Sie die Rechtslage in der genannten Handlungssituation?

3. Nehmen Sie zur Rechtslage Stellung, wenn der Stuhl schon Gebrauchsspuren hätte oder z. B. durch Tintenflecke durch die 15-Jährige beschädigt worden wäre.

4. Wie sollten sich Andreas Brandt und die Primus GmbH unter Berücksichtigung kaufmännischer Überlegungen in ähnlichen Fällen in Zukunft verhalten?

Bewerten

Exemplarisch präsentiert ein Team der Klasse das Arbeitsergebnis als Kurzvortrag. Ergänzen Sie ggf. fehlende Punkte in Ihren Unterlagen.

Geben Sie zu dem Kurzvortrag ein kurzes Feedback. Der folgende Rückmeldebogen soll Sie dabei unterstützen.

Leitfragen	Bewertung in Schulnoten				
	1	2	3	4	5
Wurden die Begriffe sachlich richtig erläutert?					
Wurde die Handlungssituation unter rechtlichen Aspekten richtig gelöst?					
Wie sicher hat die/der Vortragende gewirkt?					

Lernergebnisse sichern

Formulieren Sie für die unterschiedlichen Stufen der Geschäftsfähigkeit je ein Praxisbeispiel aus Ihrer Branche.

Individuelle Lösung, Beispiele:

Kind

Jugendliche

Erwachsener

Erläutern Sie die Absicht des Gesetzgebers bei der Festlegung der drei Stufen der Geschäftsfähigkeit.

Übung 2.1: Rechtssubjekte und Rechtsfähigkeit

1. Erstellen Sie eine Lernübersicht zum Thema „Rechtsfähigkeit". Nutzen Sie dazu die folgende Vorlage.

Rechtsfähigkeit ...

Personen

natürliche Personen

juristische Personen des privaten Rechts

Beispiele
- Bund
- Länder
- Gemeinden

Dauer

von der staatlichen Verleihung bis zum Entzug

Lernsituation 2 – Übungsaufgaben

2. Prüfen Sie, ob die folgenden Personen bzw. Institutionen rechtsfähig sind, und begründen Sie kurz Ihre Antwort.

Beispiel	Lösung
Primus GmbH	
Sonja Primus, Geschäftsführerin der Primus GmbH	
Gesangsverein „Lerche" e. V.	
Tippgemeinschaft „Lottoglück"	
Stadt Duisburg	
Tristan Reetz, zwei Tage alt	

Übung 2.2: Rechtsobjekte (Sachen und Rechte)

Benennen Sie, welche Rechtsobjekte in den Beispielen angesprochen werden.

Beispiele	Rechtsobjekt
Forderung gegenüber einem Kunden	
Neuwagen Hyundai Tucson	
Eigentum an einem Neuwagen	
VW Golf V, Baujahr 2017, rot, 51 123 km	
Grundstück	

Übung 2.3: Besitz, Eigentum und Eigentumsübertragung

1. Erklären Sie den Unterschied zwischen Besitz und Eigentum.

_____

_____

_____

2. Benennen Sie mithilfe des BGB, wie Eigentum an beweglichen Sachen übertragen werden kann. Tragen Sie Ihre Ergebnisse in die Übersicht ein mittels Pfeilen und Beschriftung der Pfeile (siehe Beispiel a).

> **§ 929 BGB**   **Einigung und Übergabe**
>
> Zur Übertragung des Eigentums an einer beweglichen Sache ist erforderlich, dass der Eigentümer die Sache dem Erwerber übergibt und beide darüber einig sind, dass das Eigentum übergehen soll. Ist der Erwerber im Besitze der Sache, so genügt die Einigung über den Übergang des Eigentums.
>
> **§ 930 BGB**   **Besitzkonstitut**
>
> Ist der Eigentümer im Besitz der Sache, so kann die Übergabe dadurch ersetzt werden, dass zwischen ihm und dem Erwerber ein Rechtsverhältnis vereinbart wird, vermöge dessen der Erwerber den mittelbaren Besitz erlangt.
>
> **§ 931 BGB**   **Abtretung des Herausgabeanspruchs**
>
> Ist ein Dritter im Besitz der Sache, so kann die Übergabe dadurch ersetzt werden, dass der Eigentümer dem Erwerber den Anspruch auf Herausgabe der Sache abtritt.

a) Der Gegenstand befindet sich beim Veräußerer (§ 929 Satz 1 BGB).

Veräußerer	←——— Einigung ———→ ———— Übergabe ————→	Erwerber

b) Der Gegenstand befindet sich bereits beim Erwerber (§ _____ BGB).

Veräußerer		Erwerber

c) Der Gegenstand soll weiterhin im Besitz des Veräußerers bleiben (§ _____ BGB).

Veräußerer		Erwerber

d) Der Gegenstand befindet sich im Besitz eines Dritten (§ _____ BGB).

Veräußerer		Erwerber

© Westermann Gruppe

Übung 2.4: Formvorschriften bei Rechtsgeschäften

1. In Deutschland gilt der Grundsatz der Vertragsfreiheit. Erklären Sie die Begriffe „Vertrags-", „Abschluss-", „Gestaltungs-" und „Formfreiheit" in der folgenden Übersicht.

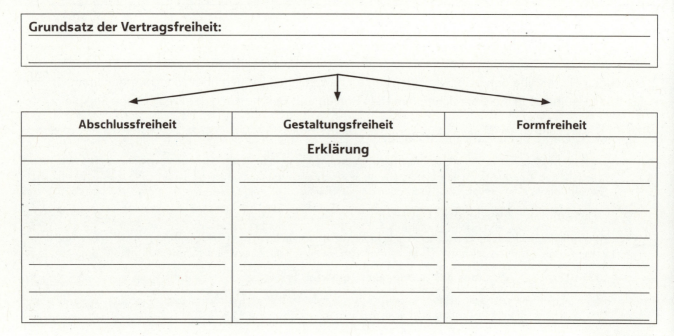

2. Die meisten Rechtsgeschäfte können formlos abgeschlossen werden (Formfreiheit). Bei einigen Rechtsgeschäften besteht der Gesetzgeber auf der Einhaltung bestehender Formvorschriften (Formzwang). Erläutern Sie das Ziel des Formzwangs und erklären Sie die einzelnen Formvorschriften (auch mit Beispielen).

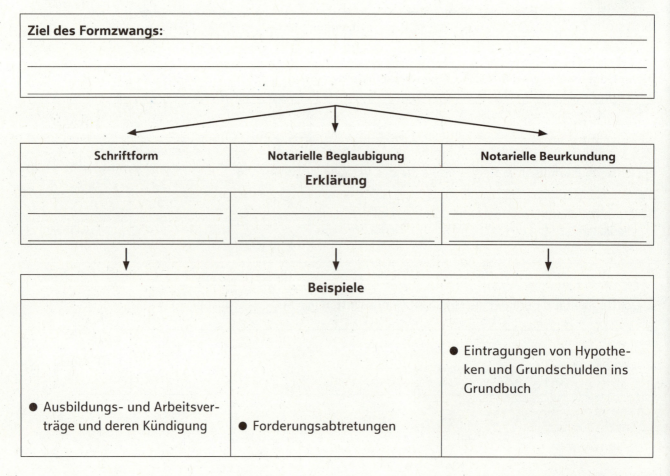

Übung 2.5: Nichtige und anfechtbare Rechtsgeschäfte

Beurteilen Sie für folgende Rechtsgeschäfte, ob sie gültig, anfechtbar oder nichtig sind. Begründen Sie Ihre Entscheidung kurz mithilfe des BGB.

Rechtsgeschäft	Gültig	Nichtig	Anfechtbar	Begründung
Ein Gebrauchtwagenhändler verkauft der Primus GmbH ein Unfallauto mit den Worten „generalüberholt und unfallfrei".				
Die Primus GmbH droht, einen Kunden zu verklagen, wenn der ausstehende Rechnungsbetrag nicht bis Ende dieses Monats beglichen werde.				
Die achtjährige Tochter Miriam von Frau Sonja Primus, der Geschäftsführerin der Primus GmbH, verkauft ihre Puppe für 5,00 € an die sechsjährige Maria.				
Ein Kunde der Primus GmbH bestellt zwölf Gros Plakatpapier (zwölf Dutzend). Er ist der Meinung, dass er zwölf große Rollen Plakatpapier bestellt hat.				
Alexander Müller, ein Privatkunde der Primus GmbH, schließt mit seinem Onkel einen schriftlichen Kaufvertrag über einen Hauskauf in Höhe von 250 000,00 € ab.				
Ein Bauunternehmer droht der Primus GmbH mit dem sofortigen Lagerbaustopp, falls diese nicht auch die Innenarbeiten von seinem Unternehmen ausführen lässt.				
Ein 15-jähriger Praktikant der Primus GmbH kauft für seinen Geburtstag zwei Flaschen Sekt an einem Kiosk.				
Thorsten Bickel kauft sich beim Fahrradhändler Piet Harms ein hochwertiges Rennrad zu einem günstigen Preis. Dennoch braucht er für den Kaufpreis von 3 500,00 € seine gesamten Ersparnisse auf. Am nächsten Tag ruft der Händler bei ihm an, er wolle das Geschäft rückgängig machen. Er habe zu knapp kalkuliert, das Rennrad müsste 4 000,00 € kosten.				
Für die Renovierung seines Eigenheimes bestellt Olaf Janssen Dämmstoff in der Stärke von 100 mm. Der Mitarbeiter im Baustoffhandel versteht aufgrund des hohen Geräuschpegels im Geschäft versehentlich eine Stärke von 200 mm. Die bestellten Materialien werden am nächsten Tag ausgeliefert.				
Die Grafikerin Inka Strothmann verspricht ihrer Freundin Gritje Peters in Partylaune 5 000,00 €, wenn sie ein Weihnachtslied singt. Diese legt sofort los und sorgt für gute Stimmung.				

© Westermann Gruppe

Übung 2.6: Arten von Rechtsgeschäften

Bei Rechtsgeschäften werden verschiedene Arten unterschieden. Klären Sie den Begriff „Willenserklärung" und ergänzen Sie die Inhalte in der folgenden Übersicht.

Willenserklärung = _____
_____
_____
_____

Arten von Rechtsgeschäften

_____		zwei-/mehrseitige Rechtsgeschäfte
Nur eine Person gibt eine Willenserklärung ab.		_____

empfangsbedürftige Rechtsgeschäfte	_____	Verträge
Beispiele		
_____	• Testament • Auslobung • Aufgabe des Eigentumsanspruchs	

_____	zweiseitig verpflichtende Verträge
Beispiele	
• Bürgschaftsvertrag • Schenkungsvertrag • usw.	_____

© Westermann Gruppe

Übung 2.7: Vertragsarten

1. Im Privat- und im Berufsleben werden immer wieder Verträge geschlossen.

Nennen Sie drei Verträge, die Sie in Ihrem Leben geschlossen haben.	Nennen Sie drei Verträge, die Unternehmen im Rahmen ihrer betrieblichen Tätigkeit schließen.
1.	
2.	
3.	

2. Bestimmen Sie die Vertragsart über den jeweiligen Vertragsinhalt.

Vertragsinhalt	Vertragsart
Herstellung/Veränderung eines Werkes gegen Entgelt, zu dem der Besteller das Material liefert	
entgeltliche Leistung von Diensten	
entgeltliche Überlassung von Sachen zum Gebrauch	
entgeltliche Leistung von Arbeitnehmern	
Herstellung/Veränderung eines Werkes gegen Entgelt, zu dem der Hersteller das Material liefert	
entgeltliche Überlassung von Sachen zum Gebrauch und Überlassung der Erträge (Fruchtgenuss)	
entgeltliche oder unentgeltliche Überlassung von Geld und Rückgabe des zur Verfügung gestellten Darlehens	
entgeltliche Veräußerung von Sachen oder Rechten	
unentgeltliche Überlassung von Sachen zum Gebrauch und Rückgabe derselben Sache	
Ersatz des Vermögensschadens bzw. Zahlung eines vereinbarten Betrags nach Eintritt des Versicherungsfalls gegen vorherige Prämienzahlung	

© Westermann Gruppe

Lernsituation 3: Sie führen ein kundenorientiertes Verkaufsgespräch

Andreas Brandt ist schon etwas aufgeregt. Er wartet im „Showroom" der Primus GmbH auf seinen ersten „eigenen" Termin, weil sein Arbeitskollege Udo Heinen kurzfristig krank geworden ist. In dem neu eingerichteten Raum im Verwaltungsgebäude werden die aktuellen Produkte für die Büroeinrichtung und das Sortiment für Bürozubehör aufwendig präsentiert. Der Kunde Nils Rickmann, ein Bauunternehmer aus Dortmund, möchte für seine Mitarbeiterinnen und Mitarbeiter zehn hochwertige Bürostühle anschaffen. Andreas sortiert gerade noch Kataloge und Preislisten für das anstehende Verkaufsgespräch, als Nils Rickmann leicht verspätet den Showroom betritt.

Andreas Brandt: „Hallo Herr Rickmann, da sind Sie ja endlich, wie kann ich Ihnen helfen? (nervös, mustert Herrn Rickmann von oben nach unten)

Kunde: „Guten Tag, entschuldigen Sie die Verspätung! Das war echt eine lange Anreise, aber diese Autobahn ... Ich hatte Herrn Heinen schon informiert, ich bin auf der Suche nach neuen Bürostühlen für meine Mitarbeiterinnen und Mitarbeiter."

Andreas Brandt (schaut in Richtung der Stühle, lächelt unsicher): „Welchen Bürostuhl aus unserem Programm haben Sie sich denn ausgesucht?"

Kunde: „Das weiß ich noch nicht, deshalb wollte ich mich ja hier beraten lassen."

Andreas Brandt: „Unser Programm an Bürostühlen wird dort im hinteren Teil des Showrooms präsentiert, Sie können sich ja schon mal einen Eindruck verschaffen, ich komme gleich nach." (Zeigt in Richtung der Bürostühle und sortiert seine Kataloge bzw. Preislisten noch weiter. Nach kurzer Zeit folgt er dem Kunden, der bereits vor den Bürostühlen steht.)
„Haben Sie denn eine Preisvorstellung?"

Kunde: „Das kann ich nicht so genau sagen ... auf jeden Fall sollten es hochwertige Bürostühle sein!"

Andreas Brandt: „Kein Problem, in den hohen Preislagen haben wir eine große Auswahl. Wollen Sie denn eher einen Bandscheiben-Drehstuhl oder einen klassischen Bürodrehstuhl?"

Kunde: „Worin besteht denn der Unterschied?"

Lernsituation 3 | 67

| Andreas Brandt: | „Das ist ganz einfach, ich zeige Ihnen das mal anhand dieser zwei Modelle." (Stellt sich vor die Bürostühle und beginnt zu erklären): „Dieser Bandscheiben-Drehstuhl hat eine hohe Sakral-Rückenlehne mit integrierter Lordosenstütze, Synchronmechanik und Sieben-Zonen-Taschenfederkern-Bandscheiben-Sitz ..." |

Als der Abteilungsleiter Verkauf/Marketing, Josef Winkler, 30 Minuten später in den Showroom kommt, sieht er, dass Andreas mit dem Kunden immer noch vor den Bürostühlen steht. Er bekommt das Ende des Verkaufsgesprächs mit.

| Kunde: | „Ich danke Ihnen für diese umfangreichen Infos. Aber das muss ich erst einmal verdauen und kann das heute nicht entscheiden. Ich melde mich bei Ihnen." |
| Andreas Brandt: | „Okay, bis dann." |

Beschreibung und Analyse der Situation

Analysieren Sie das dargestellte Verkaufsgespräch im Showroom der Primus GmbH. Kommentieren Sie in Stichworten das Verhalten und die Aussagen des Auszubildenden im vorliegenden Verkaufsgespräch, die nicht verkaufsfördernd sind. Nutzen Sie dazu die Spalten neben der Darstellung des Verkaufsgespräches. Betrachten Sie dabei auch Aspekte der Gesprächssettings.

Planen

Informieren Sie sich in Ihrem Lehrbuch über die Phasen eines Verkaufsgesprächs und die Aspekte einer gründlichen Gesprächsvorbereitung. Notieren Sie dazu jeweils, was für eine erfolgreiche Umsetzung zu beachten ist.

Phasen eines Verkaufsgesprächs	Merkmale einer erfolgreichen Umsetzung
Gesprächs-vorbereitung	

© Westermann Gruppe

Lernsituation 3

Phasen eines Verkaufsgesprächs	Merkmale einer erfolgreichen Umsetzung
Kontaktphase	
Analysephase/Bedarfsermittlung	
Angebotsphase	

Phasen eines Verkaufsgesprächs	Merkmale einer erfolgreichen Umsetzung
Abschlussphase	

Planen Sie die Durchführung eines gelungenen Verkaufsgespräches, das die Einstiegssituation aufgreift. Bereiten Sie sich auf die Rolle einer Verkäuferin/eines Verkäufers bzw. einer Kundin/eines Kunden vor (ca. 5 Minuten) Ihr Rollenspiel wird mit einer Kamera oder einem Ihrer eigenen Smartphones aufgenommen.

Rollenkarte Verkäufer

Sie haben eine kundenorientierte Einstellung zu Verkaufsgesprächen und sind sich bewusst, dass sich der Kunde in Ihrem Unternehmen wohlfühlen muss. Sie sind fachlich versiert und sich über die Chance im Klaren, einen Geschäftsabschluss evtl. mit Zusatzverkäufen erzielen zu können.

Rollenkarte Kunde

Sie möchten hochwertige und langlebige Bürostühle für Ihre Angestellten. Sie haben hohe Krankenstände aufgrund von Rückenproblemen bei den Mitarbeitern im Büro, darum sind Sie bereit, für ein Produkt, das Sie überzeugt, einen höheren Preis zu zahlen. Zeitnah muss in Ihrem Bauunternehmen auch die Bestuhlung der Sozialräume erneuert werden.

Skizze Rollenspiel „Ein kundenorientiertes Verkaufsgespräch führen"

© Westermann Gruppe

Durchführen und bewerten

Einigen Sie sich in der Klasse auf fünf Kriterien für ein gelungenes Verkaufsgespräch, die Ihnen ganz besonders wichtig erscheinen, und übernehmen Sie diese in den Beobachtungsbogen.

Beobachtungsbogen			
Ein kundenorientiertes Verkaufsgespräch führen			
Achsennummer	Beobachtungsmerkmal	Einzelbewertung	Gruppenbewertung
1.			
2.			
3.			
4.			
5.			

Führen Sie das Rollenspiel durch, indem eine/-r von Ihnen die Rolle der Kundin/des Kunden und ein/-e andere/-r die Rolle der Verkäuferin/des Verkäufers übernimmt. Sammeln Sie dazu einige Smartphones in Ihrer Klasse ein, sodass sich für das Rollenspiel eine angemessene Auswahl an Smartphones ergibt. Bereiten Sie Ihren Klassenraum so vor, dass Sie das Rollenspiel durchführen können. Alle anderen beobachten das Rollenspiel anhand der Kriterien, die Sie in Ihrem Beobachtungsbogen festgelegt haben. Löschen Sie die Ton- und Bildaufzeichnungen unmittelbar nach der Auswertung (ein Einstellen in soziale Medien ist verboten; Schutz personenbezogener Daten und Recht am eigenen Bild).

Nach einer individuellen Bewertung bilden Sie in den Kleingruppen Durchschnittsnoten für die Erfüllung der festgelegten Kriterien. **Die Rollenspieler bilden dabei eine eigene Gruppe.** Gehen Sie von folgendem Bewertungsschlüssel aus:

© Westermann Gruppe

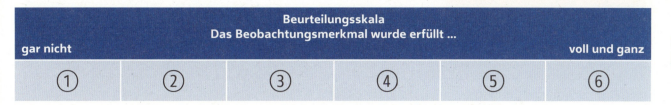

Beurteilungsskala					
Das Beobachtungsmerkmal wurde erfüllt ...					
gar nicht					voll und ganz
①	②	③	④	⑤	⑥

Entscheiden Sie, welches Gruppenmitglied die ausgewählten Kriterien und deren Bewertung präsentiert und kurz erläutert.

Ablauf der Auswertung des Rollenspiels mit der Spinnennetz-Methode

Alle Gruppen tragen ihre Ergebnisse in ein gemeinsames Spinnennetz ein, damit die Ergebnisse vergleichbar sind. Jede Gruppe hat dabei ihre eigene Farbe.

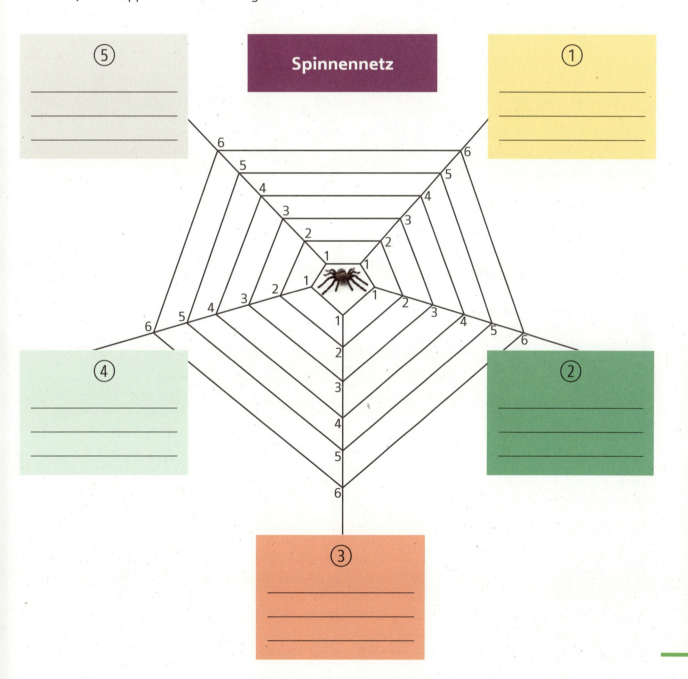

Lernergebnisse sichern und vertiefen

Das Verhalten des Verkaufspersonals wird als wesentlicher Faktor für die kundenorientierte Ausrichtung eines Unternehmens angesehen. Dabei stehen folgende Ansprüche als Grundbedingung für die Gestaltung einer positiven Kundenbeziehung im Mittelpunkt:

Formulieren Sie für jeden der vier genannten Punkte ein Beispiel mit Bezug zur Einstiegssituation.

Identifikation	Der Auszubildende Andreas Brandt ist von den neuen Bandscheiben-Drehstühlen völlig begeistert. Er durfte ein Modell über mehrere Wochen an seinem Arbeitsplatz testen und ist von den Vorteilen des Produkts im „Praxistest" überzeugt.
Freundlichkeit	
Höflichkeit	
Ehrlichkeit	

© Westermann Gruppe

Übung 3.1: Kontaktphase und Bedarfsermittlung

In der Verkaufsboutique der Primus GmbH hört Nicole Höver, bevor sie in die Kaffeepause geht, den Beginn des nachfolgenden Verkaufsgespräches. Ein Kunde betritt die Verkaufsboutique der Primus GmbH. Nicoles Kollege stellt Blickkontakt zum Kunden her und geht auf ihn zu.

Verkäufer:	„Guten Tag. Kann ich Ihnen weiterhelfen?"
Kunde:	„Hm ... Ich suche einen Drucker."
Verkäufer:	„Wie viel wollen Sie denn anlegen?"
Kunde:	„Das weiß ich noch nicht so genau, aber nicht mehr als nötig."
Verkäufer:	„Das ist kein Problem! Wir haben auch in den unteren Preislagen ein gutes Angebot. Wollen Sie denn einen Laserdrucker oder einen Tintenstrahldrucker?"
Kunde:	(Kunde wirkt ratlos) „Das weiß ich nicht. Worin besteht denn genau der Unterschied?"
Verkäufer:	„Das ist ganz einfach. Ich zeige Ihnen das mal an diesen beiden Modellen."

Als Nicole 20 Minuten später aus der Kaffeepause zurückkehrt, bekommt sie gerade noch das Ende des Verkaufsgespräches mit.

Kunde:	„Vielen Dank für die umfangreichen Informationen. Die muss ich jetzt erst mal verarbeiten. Auf Wiedersehen!"

1. Beurteilen Sie die Kontaktaufnahme des Verkäufers zum Kunden in obigem Beispiel.

_____
_____
_____
_____
_____
_____
_____

2. Die dargestellten Äußerungen zeigen Ihnen unterschiedliche Kundenansprachen.

   a) Welche halten Sie für besonders verkaufsfördernd?

   „Guten Tag, wie ich sehe, interessieren Sie sich für ..."   „Guten Tag."   „Kann ich Ihnen weiterhelfen?"

   Beispiel 1 ☐   Beispiel 2 ☐   Beispiel 3 ☐

Begründung:
_____
_____
_____

© Westermann Gruppe

Lernsituation 3 – Übungsaufgaben

b) Welches Beispiel ist weniger geschickt und sollte vermieden werden?

    Beispiel 1 ☐   Beispiel 2 ☐   Beispiel 3 ☐

Begründung:

_____
_____

3. Bewerten Sie die Fragen des Verkäufers in obigem Beispiel bei der Bedarfsermittlung und erarbeiten Sie mögliche Konsequenzen, die sich aus diesen Fragen ergeben.

_____
_____
_____
_____
_____
_____
_____
_____

4. Formulieren Sie zu den folgenden zwei Artikeln jeweils vier Fragen, die Ihnen geeignet erscheinen, die Bedürfnisse und Kaufmotive des Kunden zu ermitteln.

Artikel	Fragen
Drucker	1. 2. 3. 4.
Fernseher	1. 2. 3. 4.

5. Formulieren Sie drei Merksätze, die Sie in Zukunft im Rahmen einer Bedarfsermittlung beachten wollen.

1) _____
_____
_____
_____

© Westermann Gruppe

2)

3)

Übung 3.2: Warenvorlage und Verkaufsargumentation

1. Nennen Sie die fünf Grundsätze der Warenvorlage und entwickeln Sie jeweils ein Beispiel für die praktische Umsetzung in einem Verkaufsgespräch im Showroom der Primus GmbH.

Grundsatz	Beispiel Verkaufsgespräch
1. Die Warenvorlage erst nach der Bedarfsermittlung vorlegen (richtiger Zeitpunkt).	Erst nachdem der Auszubildende Andreas Brandt im Verkaufsgespräch mit dem Kunden ermittelt hat, dass dieser für seine Büromitarbeiter einen hochwertigen Bürostuhl anschaffen möchte, der ergonomische Ansprüche erfüllt und die Belastungen des Rückens reduziert, zeigt er ihm einen Bandscheiben-Drehstuhl.
2.	
3.	
4.	
5.	

2. Formulieren Sie in tabellarischer Form für den unten genannten Artikel der Primus GmbH und für einen weiteren Artikel aus Ihrem Ausbildungsbetrieb, den sie öfter verkaufen, ein Warenmerkmal, einen allgemeinen Kundennutzen sowie einen möglichen Erlebnis-/Verwendungsbezug.

Artikel	1. Schritt: Warenmerkmal	2. Schritt: Kundennutzen	3. Schritt: Erlebnis-/Verwendungsbezug

Übung 3.3: Preisnennung

Nicole Höver befindet sich in einem Verkaufsgespräch mit einem gut gekleideten Herrn um die vierzig. Durch die Bedarfsermittlung hat sie von dem Kunden erfahren, dass er Geschäftsführer eines mittelständischen Unternehmens ist und beabsichtigt, sich einen neuen Schreibtisch für sein Büro zu kaufen.
Nicole hat bereits mehrere Schreibtische im Kopf, die für den Kunden infrage kommen. Nur ist sie unschlüssig, mit welchem sie die Warenvorlage beginnen soll.
Noch allzu gut sind ihr die Worte des Verkaufstrainers aus der letzten betriebsinternen Verkaufsschulung im Ohr: *„Haben Sie den Mut und beginnen Sie bei der Warenvorlage auch einmal mit Artikeln der gehobenen Preislage"*. Sammeln Sie Pro- und Kontra-Argumente zu der Aussage des Verkaufstrainers.

Pro	Kontra

© Westermann Gruppe

Übung 3.4: Kundeneinwände

1. Entkräften Sie den Einwand eines Kunden der Primus GmbH im Beispiel 1. Ergänzen Sie anschließend zwei weitere Beispiele aus Ihrer beruflichen Praxis.

Einwand	Entkräftung
1. „Dieses Faxgerät ist aber umständlich zu bedienen."	
2.	
3.	

2. Vergleichen Sie Ihre Lösungen mit Ihrer Sitznachbarin/Ihrem Sitznachbarn und verbessern Sie ggf. Ihre Einwandbehandlung.

Übung 3.5: Kaufabschluss

Jedes Verkaufsgespräch ist ein zielgerichtetes Gespräch, bei dem Sie den Kaufabschluss fest im Visier haben sollten. Häufig senden Ihnen die Kunden Kaufsignale, die erkennen lassen, dass sie unmittelbar vor der Kaufentscheidung stehen.

1. Nennen Sie drei mögliche Kaufsignale von Kunden.

© Westermann Gruppe

2. Wenn Sie Kaufsignale der Kunden wahrnehmen, können Sie durch Abschlusstechniken versuchen, den Kaufabschluss herbeizuführen. Ordnen Sie den zwei folgenden Beispielen je eine Technik zu und beschreiben Sie diese Technik kurz.

Beispiel	Abschlusstechnik	Erläuterung
„Sie wollen doch nicht ein Notebook, das technisch veraltet ist?"		
„Sie wollen doch ein leistungsfähiges Notebook mit hoher Speicherkapazität?"		

Übung 3.6: Englisch: Sales Conversation

Primus GmbH have extended their range of products. They now offer devices for office communication and present the new items to their customers at an in-house exhibition. They had announced the exhibition on their website and invited a lot of foreign clients by mail previously. Mr Farage from Brexit & Johnson, a large b2b-customer, is looking at a pair of earphones when Nicole Höver approaches him.

- Read the sales conversation carefully.
- There are **positive** and **negative** parts in Nicole's sales talk. Comment on them and improve what she says if necessary.

Conversation	Positive/Negative/Improvements
Nicole: "Hi, are you looking for something in particular?"	
Mr Farage: "Yes, I saw this pair of wireless in-earphones on your website before at a really good price. I guess it's an introductory offer and it was 50 % off. I would like to equip our office staff with the new audio devices."	

© Westermann Gruppe

Lernsituation 3 – Übungsaufgaben

Conversation	Positive/Negative/Improvements
Nicole: "Unfortunately we only had that top offer in the first week of our in-house exhibition."	
Mr Farage: "Hmm, I'm really disappointed. Have you run out of stock?"	
Nicole: "We still have the earphones, but they are only 30 % off now. But they're still at a very good price."	
Mr Farage: "Well, I think I'll just wait for the next round of your special offers."	
Nicole: "I could offer you an even better pair at a price that is only a bit higher than those with 30 % off. The earphones you are interested in don't have a wired option, but we have another model that has this feature."	
Mr. Farage: "But I don't want wired earphones, I want them to be wireless."	
Nicole: "Yes, Mr Farage, I totally understand you. But let me show you what I mean. The buds you wanted first are really completely wireless. Once the batteries are empty you cannot use them any longer and have to put them into a charging box."	
Mr Farage: "I see. Does this mean I cannot use them until the batteries are charged again?"	
Nicole: "That's right, Mr Farage. You see, these are actually wireless, but have an extra wired feature you can use after your battery runs out by plugging the cable in. That's just until they're charged again. This way, your staff can go on communicating when the batteries run out."	

© Westermann Gruppe

Lernsituation 3 – Übungsaufgaben

Conversation	Positive/Negative/Improvements
Mr Farage: "Hmm, that sounds great, but please tell me, how long do the batteries last?"	
Nicole: "Around 25 hours, but of course it depends on the volume level."	
Mr Farage: "25 hours is pretty good. But then would I still need the wired option? I mean, if the batteries last so long …"	
Nicole: "This is a better product than the one we had on 50 % off last week. You'd be paying a bit more, but the extra feature makes the real difference. And yes, I think the wired option is worth it. Once you get used to batteries lasting so long, you may forget to charge them in advance and then you would need to stop your communication and charge them. Really inconvenient, if you ask me."	
Mr Farage: "I guess you're right. Okay, I'll go with these. If I take 200 pairs, how much of a discount would you be able to grant me?"	
Nicole: "Hmm, that's a nice quantity. I could give you 10 % on the list price. But if you took 250 I'd be able to allow you 15 %. How about that, Mr Farage?"	
Mr Farage: "Well, that's ok with me, I'll take 250 pairs."	
Nicole: "Great! Thank you very much, Mr Farage. I'm sure your staff will love the earphones. They are really an excellent product!"	
Mr Farage: "Thank you for your help!"	

Übung 3.7: Schriftverkehr in der Fremdsprache Englisch

1. Checking Eddie's letter

Eddie is the new trainee at Primus GmbH. He has just written an invitation to a potential customer from Sweden for a conference in Duisburg. Now he is asking you to proofread his letter (more information on the next page).

Büroeinrichtung und Zubehör

Primus GmbH · Koloniestraße 2 – 4 · 47057 Duisburg

Rapido Software AB
Mr Erik Lundgren
Knäcke väg 23
27847 JOKKMOKK
SWEDEN

Ihr Zeichen:		
Ihre Nachricht vom:		
Unser Zeichen:	PmA/ AB/ 047886	
Unsere Nachricht vom:		
Name:	Eddie Schlüter	
Telefon:	0203 44536-90	
Telefax:	0203 44536-98	
E-Mail:	eddie.schlueter@primus-bueroeinrichtung.de	
Datum:	The 14 of May 20..	

Annual Office Conference in Duisburg

Hello Mr Lundgren,

we are a leading german wholeseller for office equipment, and we found your swedish company at the internet. As a well-known supplier for office software, you might be interested to hear that this year we´re holding our Annual Office Conference in Duisburg – an event that might offer you a good starting point for to make new buisness contacts here in Germany.

The conference will take place on 07/05/20.., and it will be completely free of charge for you.

I will send you a official conference brochure with all the informations an with a application form.

You must let us know if you would like to come. I would be thankful if you could let me know asap.

I´m looking forward to hear from you soon. Thanks for your cooperation.

Yours faithfully!

Primus Marketing Department

Eddie Schlüter
Eddie Schlüter
Attachment: Conference brochure 20..

© Westermann Gruppe

a) Read the letter carefully. Eddie has made some mistakes. Underline the mistakes in the letter and correct them – for Eddie. Work in small groups and identify

   a1) 11 grammar mistakes (misspelling, word order, wrong tenses, etc.),
   a2) 15 writing style mistakes (incorrect style or layout).

   The "golden rules" given below will help you!

> **Some golden rules for business letters (and for formal emails):**
>
> - No short forms or contractions (write "I would" instead of "I´d", "we will" instead of "we´ll", etc.)!
> - Use the "block style" (no commas after the salutation or the complimentary close).
> - Remember to use "Yours faithfully" when you don't have a contact person and "Yours sincerely" when you do know the person you are writing to.
> - Avoid phrases like "you must", "we want" → it´s more polite to say "could you please ..." and "we would like ...".

b) Work with someone from another group. One of you should take the role of Eddie, the other one should act as the boss Mrs Jackson, who only speaks English. Act out a conversation between Mrs Jackson and Eddie and inform him about all the mistakes he has made in his letter – but please don´t be too harsh with him.

Soft criticism

When correcting someone, it´s always a good thing not to be too direct or too straightforward. This might undermine people´s confidence (or your relationship with them).
Say *"Maybe you should say ..."* or *"This might not be the best way to put it ..."* instead of *"This is completely wrong"* or *"You must write it another way"*. This is not so nice to hear, especially for people who are from Great Britain.

Here are a few typical phrases for Mrs Jackson and Eddie:

Use these phrases to criticize Eddie "in a gentle way"	Eddie's phrases – taking criticism
"Maybe here you should say/write ..."	_____
"Here it would be better to say/ write ..."	_____
"This might not be the best way to say/write it. How about ...?"	_____
"I guess it would sound better/it would be more professional to say/ write ..."	_____
"Possibly it´s not such a good idea to say ..."	_____

© Westermann Gruppe

2. The salutation – saying hello

Please check the information in your book and answer the questions.

a) Which salutation (= Anrede) should you choose for a letter to your customer Amy Ryanhouse in London?

   a1) If you know that Amy is married? – Dear _____ Ryanhouse

   a2) If you know that Amy is not yet married? – Dear _____ Ryanhouse

   a3) If you do not know whether or not she is married? – Dear _____ Ryanhouse

b) You want to write an enquiry to an interesting manufacturer in Edinburgh, but you don't know anybody there. Which salutation should you choose? Dear _____

c) Which complimentary close (= Grußformel) would you recommend for a letter that you started with ...

   c1) Dear Sir or Madam → the letter ends with _____

   c2) Dear Mrs Sinclair → the letter ends with _____

   c3) Dear Eddie → the letter ends with _____

3. About the date

You get a fax from the USA. A customer needs some goods on 12/03/20.. When should you deliver?

- In Europe "12/03/20" means: 12 March 20.. (the second number (= 12/03) shows the month)
- In the USA "12/03/20" means: 3 December 20.. (the first number (= 12/03) shows the month)

So, if you want to make every date (e.g. the delivery date) clear to customers all over the world, then write out the name of the month in full: 12 March 20.. (no comma) or March 12, 20.. (with a comma).

How should you write these dates in a business letter/fax/e-mail?

a) 09.10.20.. (written in the USA): _____

b) 03/08/20.. (English writer): _____

c) Feb. 1st, 20..: _____

4. Business letter, layout vocabulary

Take a look at your book on the pages 239 to 241. Which of the "business letter, layout vocabulary" is described below?

a) The place where you can find someone's name written on a letter inside: _____

b) It tells you when the letter was written: _____

c) The way you say hello to the person who gets your letter: _____

d) This is how you close your letter – a standard phrase: _____

© Westermann Gruppe

e) Here you can find all the information about the sender of the letter: _____

f) This line tells you what the letter is about: _____

g) If you put your name under your letter and it is handwritten: _____

h) Here you write down what you have sent along with the letter: _____

5. **Saying it gently**
Sometimes people are not exactly polite when they write their letters. For example, these phrases might just sound a bit irritating and too demanding to your business partners:

a) You must send us your current catalogue today. b) We want it by next Friday.
c) AND DO NOT FORGET: d) Answer us as soon as possible.
e) Tell us how much of a discount you offer.

Improve these sentences making them more polite by using the following phrases:

_____	„Würden Sie (bitte) … ?"
_____	„Könnten Sie (bitte) … ?"
_____	„Wir wären dankbar, wenn Sie … würden."

6. **Writing an enquiry**

a) Here is a typical structure (from A to E) for enquiries. Fill in the gaps in the business phrases.

A. Say how you found out about the other company. (Woher kennen Sie die andere Firma?)

"We saw your advertisement in a (1) _____ trade journal."	„Wir sahen Ihre Anzeige in einem britischen Fachblatt."
"We have seen your homepage (2) _____ the internet."	„Wir haben Ihre Homepage im Internet gesehen."
"Your company has been recommended to us (3) _____ …"	„Ihr Unternehmen ist uns empfohlen worden von …"
"We visited your stand (4) _____ …"	„Wir besuchten Ihren Stand auf der Messe in …"
"I am writing to ask you (5) _____ …"	„Ich schreibe, um Sie um Details zu bitten über …"

© Westermann Gruppe

B. Describe your company. (Wer sind Sie?)

"Our (6) _____ is a well-known wholesaler of ..."	„Unser Unternehmen ist ein bekannter Großhändler für ..."
"We are a leading (7) _____ of ...	„Wir sind ein führender Lieferant von ...
... with branches/offices (8) _____ Europe."	... mit Zweigstellen/Büros in ganz Europa."

C. Say what you need/require. (Was benötigen Sie?)

"We would (also) like some (9) _____ on ..."	„Wir hätten (auch) gerne einige Informationen über ..."
"Could you please send us a detailed offer/your (10) _____ price list?"	„Könnten Sie uns bitte ein detailliertes Angebot/Ihre aktuelle Preisliste schicken?"
"We would be (11) _____ for a quotation for ..."	„Wir wären dankbar für ein (Preis-)Angebot über ..."

D. Ask about discounts and terms of payment and delivery (Rabatte, Zahlungs- und Lieferbedingungen).

"Please let us (also) have your terms of (12) _____."	„Bitte teilen Sie uns (auch) Ihre Lieferbedingungen mit."
"Would you please state your terms of (13) _____?"	„Würden Sie uns bitte Ihre Zahlungsbedingungen mitteilen?"
"We should (also) like to know if you allow (14) _____."	„Wir möchten (auch) gerne wissen, ob Sie Rabatte gewähren."

E. End your letter politely (höflicher Schluss).

"Please let us have your offer (15) _____."	„Bitte senden Sie uns Ihr Angebot so bald wie möglich zu."
"We are looking forward to (16) _____ from you soon."	„Wir freuen uns darauf, bald von Ihnen zu hören."
"Please reply as soon as possible/without (17) _____."	„Bitte antworten Sie so schnell wie möglich/umgehend."
"Many thanks in advance for your attention (18) _____ our enquiry."	„Vielen Dank im Voraus für die unserer Anfrage geschenkte Aufmerksamkeit."

© Westermann Gruppe

b) Now make up your own enquiry. It should be addressed to one of the companies in your English class. Give your text to one of your classmates for proofreading. Use the phrases given in part 6a) and in your textbook (pages 402–404), and remember to follow the "typical structure for enquiries" given above (parts A to E).

Lernsituation 4: Sie erstellen ein Angebot für einen Kunden

Bezugnehmend auf die Ausarbeitung aus Lernsituation 1 in diesem Lernfeld 2 beauftragt Josef Winkler, der Abteilungsleiter Verkauf/Marketing der Primus GmbH, die Auszubildende Nicole Höver tags darauf am 7. März damit, nach der erfolgten Auftragsbearbeitung in Lernsituation 1 ein Angebot für die zwei Schreibtische Primo für den Stammkunden Bürofachgeschäft Herbert Blank e.K. zu verfassen.

Was muss jetzt alles gemacht werden?

Beschreibung und Analyse der Situation

Sammeln Sie stichpunktartig drei Aspekte, die Ihnen spontan einfallen, welche ein Angebot an einen Kunden enthalten sollte.

_____
_____
_____
_____

Planen

Herr Winkler bittet Nicole Höver in einem ersten Schritt darum, sich über die Inhalte eines Angebots Gedanken zu machen, bevor sie ein konkretes Angebot für das Bürofachgeschäft Herbert Blank e.K. schreiben soll. Herr Winkler gibt zu bedenken, dass die gesetzlichen Bestimmungen nach dem HGB bzw. dem BGB gelten, wenn im Kaufvertrag über die Bedingungen des Kaufes keine individuellen Vereinbarungen getroffen worden sind.
Helfen Sie Nicole Höver dabei, für die aufgeführten Inhalte die entsprechenden gesetzlichen und vertraglichen Regelungen zu erarbeiten.

Inhalt	Gesetzliche Regelung	Vertragliche Regelung
Güte der Ware	Es ist eine der Gattung nach bestimmte Ware mittlerer Art und Güte zu liefern (§ 243 BGB und § 360 HGB).	Benennung der Ware durch: • Güteklassen (z. B. I. Wahl, DIN-Normen usw.) • Gütezeichen (z. B. echtes Leder, umweltfreundlich usw.) • Herkunft der Ware (z. B. Wein aus Frankreich usw.)
Menge der Ware		
Preis der Ware		

© Westermann Gruppe

Inhalt	Gesetzliche Regelung	Vertragliche Regelung
Lieferzeit		
Verpackungskosten		
Zahlungszeit		
Bezugskosten		
Erfüllungsort		
Gerichtsstand		

Durchführen

Schreiben Sie ein Angebot für das Bürofachgeschäft Herbert Blank e. K. nach DIN-5008-Norm. Nutzen Sie zur Erstellung des Angebots die Informationen auf Seite 14 (Auszug aus dem Sortiment), Seite 16 (Auszug Kundendatei) und Seite 278 (Allgemeine Geschäftsbedingungen der Primus GmbH) in Ihrem Lehrbuch. Erstellen Sie, gegebenenfalls mithilfe eines Schreibprogramms ein Formular, das Sie für weitere Angebote nutzen können.

© Westermann Gruppe

Lernsituation 4

89

PRIMUS GmbH • Koloniestr. 2 – 4 • 47057 Duisburg

1.
2.
3.
4.
5.
6.

Ihr Ansprechpartner:
Ihr Zeichen:
Ihre Nachricht:
Unser Zeichen:
Unsere Nachricht:
Telefon:
Datum:

Sparkasse Duisburg, IBAN: DE12 3505 0000 0360 0587 96   BIC: DUISDE33XXX
Postbank Dortmund, IBAN: DE76 4401 0046 0286 7784 31   BIC: PBNKDEFF440
Steuernummer: 109/1320/0146   USt-IdNr.: DE124659333

© Westermann Gruppe

Bewerten

Schritt 1:
Gehen Sie zunächst mit einem anderen Paar zusammen und vergleichen Sie Ihre bisherigen Arbeitsergebnisse. Ergänzen Sie gegebenenfalls fehlende Punkte in Ihren bisherigen Aufzeichnungen.

Schritt 2:
Zwei Teams präsentieren exemplarisch ihre Arbeitsergebnisse. Ergänzen Sie gegebenenfalls fehlende Punkte in Ihren Unterlagen. Als Beobachter machen Sie sich nach jeder Präsentation zunächst einige Notizen.

Schritt 3:
Geben Sie Ihren Mitschülerinnen und Mitschülern ein konstruktives Feedback. Der folgende Rückmeldebogen kann Ihnen dabei helfen.

Leitaspekt	Richtig ✓	Falsch ✗	Vorschlag zur Verbesserung ✪
1) Form			
2) Inhalt			
– Adressatenfeld			
– Informationsblock			
– Betreff			
– Schlüssige Formulierung zum gewünschten Artikel einschließlich Menge			
– Grußformel und Unterschrift			
3) Rechtschreibung			
4) Sonstiges			

Lernergebnisse sichern

Erstellen Sie mithilfe des BGB und des Schulbuchs eine Lernübersicht zur Bindung an das Angebot. Füllen Sie dazu die nachfolgende Tabelle aus.

§ 145 BGB   Bindung an den Antrag

Wer einem anderen die Schließung eines Vertrages anträgt, ist an den Antrag gebunden, es sei denn, dass er die Gebundenheit ausgeschlossen hat.

§ 146 BGB   Erlöschen des Antrags

Der Antrag erlischt, wenn er dem Antragenden gegenüber abgelehnt oder wenn er nicht diesem gegenüber nach den §§ 147 bis 149 rechtzeitig angenommen wird.

§ 147 BGB   Annahmefrist

(1) Der einem Anwesenden gemachte Antrag kann nur sofort angenommen werden. Dies gilt auch von einem mittels Fernsprechers oder einer sonstigen technischen Einrichtung von Person zu Person gemachten Antrag.

(2) Der einem Abwesenden gemachte Antrag kann nur bis zu dem Zeitpunkt angenommen werden, in welchem der Antragende den Eingang der Antwort unter regelmäßigen Umständen erwarten darf.

© Westermann Gruppe

§ 148 BGB   Bestimmung einer Annahmefrist

Hat der Antragende für die Annahme des Antrags eine Frist bestimmt, so kann die Annahme nur innerhalb der Frist erfolgen.

§ 150 BGB   Verspätete und abändernde Annahme

(1) Die verspätete Annahme eines Antrags gilt als neuer Antrag.

(2) Eine Annahme unter Erweiterungen, Einschränkungen oder sonstigen Änderungen gilt als Ablehnung verbunden mit einem neuen Antrag.

Das Angebot	
Bindung	
Ausnahmen der Bindung	

Übung 4.1: Bindung an das Angebot

Erläutern Sie mithilfe Ihres Lehrbuches, ob die Verkäufer in den folgenden drei Fällen an ihr Angebot gebunden sind. Achten Sie darauf, dass Sie Ihre getroffene Entscheidung angemessen begründen.

Fall 1:

Die Primus GmbH bietet der Stadtverwaltung Duisburg schriftlich 50 Farbpatronen für Tintenstrahldrucker zu einem Sonderpreis von 24,75 € je Farbpatrone an. Die Stadtverwaltung Duisburg bestellt sofort nach Eingang des Angebots 60 Stück zum Preis von 24,00 €. Beschreiben Sie, ob die Primus GmbH noch an ihr Angebot über 50 Farbpatronen zum Preis von 24,75 € gebunden ist und ob ein Kaufvertrag zustande gekommen ist.

© Westermann Gruppe

Fall 2:

Während eines telefonischen Verkaufsgesprächs werden Frau Rost, Mitarbeiterin Einkauf Bürotechnik der Primus GmbH, vom Stammlieferer Vereinigte Spanplatten AG mündlich 100 Spanplatten zum Preis von 2 000,00 € angeboten. Frau Rost will sich jedoch nicht sofort entscheiden. Am nächsten Tag meldet sie sich wieder telefonisch bei der Vereinigte Spanplatten AG und erklärt, dass sie deren Angebot vom Vortag annehmen möchte. Der Lieferer verlangt nun jedoch aufgrund gestiegener Holzpreise 2 100,00 €. Frau Rost besteht auf dem am Vortag genannten Preis und ist ansonsten nicht mehr an dem Angebot der Vereinigte Spanplatten AG interessiert. Erläutern Sie, ob die Vereinigte Spanplatten AG noch an das Angebot über 2 000,00 € gebunden ist und ob durch die Annahme des Angebots durch Frau Rost ein Kaufvertrag zustande gekommen ist.

Fall 3:

Der Einzelhändler Peters erhält von der Primus GmbH ein „freibleibendes" Angebot über 20 PCs zu einem Preis von 499,00 € pro Stück. Zwei Tage später sendet Einzelhändler Peters eine schriftliche Bestellung über die 20 PCs zum festen Preis von 499,00 € pro Stück ab. Da der Preis, zu dem die Primus GmbH die PCs beziehen kann, aber mittlerweile gestiegen ist, kann die Primus GmbH den Preis von 499,00 € nicht mehr halten. Einzelhändler Peters erhält zwei Tage später eine Auftragsbestätigung von der Primus GmbH, in der als Preis pro PC nicht mehr mit 499,00 €, sondern mit 549,00 € aufgeführt sind. Verärgert ruft Einzelhändler Peters bei der Primus GmbH an und besteht auf die Lieferung zum Preis von 499,00 € pro Stück. Beschreiben Sie, ob die Primus GmbH noch an den Preis von 499,00 € je PC gebunden ist und ob ein Kaufvertrag zustande gekommen ist.

© Westermann Gruppe

Übung 4.2: Zusendung unbestellter Ware

Prüfen Sie in den folgenden Fällen, ob ein Kaufvertrag zustande gekommen ist. Füllen Sie dazu die nachfolgende Übersicht aus.

Fall 1:
Sonja Primus hat heute eine CD von der Schlagerträume GmbH privat zugeschickt bekommen. Die CD hatte Frau Primus nicht bestellt. Frau Primus unternimmt nach der Zusendung der Waren nichts.

Fall 2:
Sonja Primus hat letzten Monat vom Unternehmen „Lesefreund GmbH" privat ein Buch über Mallorca inkl. Rechnung zugesandt bekommen. Das Buch hat sie nie bestellt.
Über die Zusendung hat sie sich daher ziemlich geärgert und auch mit ihrem Mann Marcel Primus darüber gesprochen. Nach Beratschlagung mit ihm fanden es beide jedoch besser, den Preis für das Buch (20,00 €) zu bezahlen, um sich weitere Probleme mit der Lesefreund GmbH zu ersparen. Die Überweisung hat Frau Primus Ende letzter Woche getätigt.

Fall 3:
In der Primus GmbH ist am Donnerstag letzter Woche eine Warensendung der Büro Adler GmbH eingegangen. Während der langjährigen Geschäftstätigkeit zwischen den beiden Unternehmen ist es üblich geworden, dass die Büro Adler GmbH manchmal bei Bestellungen weitere günstige Warensendungen mitversendet, auch wenn sie nicht bestellt worden sind.
Die Primus GmbH schätzt die Absatzmöglichkeiten für die mitgelieferten, aber nicht bestellten Taschenrechner jedoch in diesem Fall nicht so günstig ein und möchte diese nicht kaufen. Frau Primus hat allerdings vergessen, ihren langjährigen Geschäftspartner Peter Adler diesbezüglich zu informieren.

Fall 4:
Die Primus GmbH hat heute eine Warensendung über zehn PC-Mäuse von der Office Discount GmbH erhalten. Mit diesem Unternehmen stand die Primus GmbH bisher nicht in einer Geschäftsbeziehung. Obwohl das Angebot über die PC-Mäuse zu einem Preis von 6,90 € je Stück günstig ist, hat die Primus GmbH zurzeit keinen Bedarf an den PC-Mäusen. Die Primus GmbH antwortet auf das Schreiben demzufolge nicht.

Fall 1

Fall 2

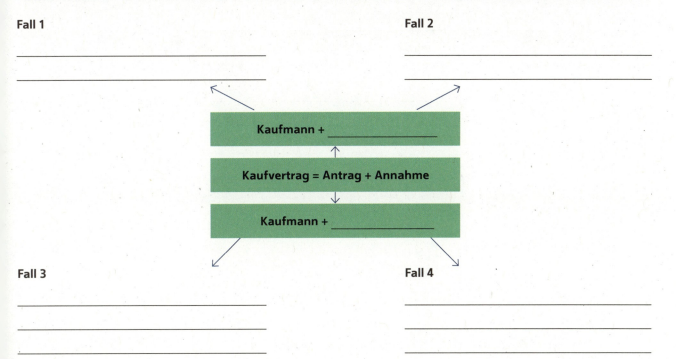

Fall 3

Fall 4

© Westermann Gruppe

Übung 4.3: Arten des Kaufvertrages

Formulieren Sie eine Definition zu den in der Übersicht aufgeführten Kaufvertragsarten.

Unterscheidung nach Art, Qualität und Beschaffenheit des Kaufgegenstands	
Art des Kaufvertrags	**Erläuterung**
Kauf auf Probe	
Kauf nach Probe	
Kauf zur Probe	
Spezifikationskauf	

Unterscheidung nach der Lieferzeit	
Art des Kaufvertrags	**Erläuterung**
Sofortkauf	
Terminkauf	
Fixkauf	
Kauf auf Abruf	

Unterscheidung nach der Art des Eigentumsübergangs	
Art des Kaufvertrags	**Erläuterung**
einfacher Eigentumsvorbehalt	
verlängerter Eigentumsvorbehalt	
erweiterter Eigentumsvorbehalt	

© Westermann Gruppe

Lernsituation 5: Sie untersuchen allgemeine Geschäftsbedingungen

Im Rahmen ihrer Ausbildung ist Nicole Höver derzeit im Einkauf tätig. Frau Konski, die entsprechende Abteilungsleiterin der Primus GmbH, hat vergangenen Freitag die Büromöbelmesse in Köln besucht. Heute Vormittag kommt Frau Konski mit folgendem Arbeitsauftrag auf Nicole Höver zu:

„Wie Sie wissen, war ich am Freitag auf der Möbelmesse in Köln und habe neue Produkte und Lieferanten gesucht. Am Informationsstand der Tischlerei Adelholz GmbH bin ich auf Bürotische gestoßen, die unser Warensortiment hervorragend ergänzen würden. Bevor wir allerdings eine Bestellung aufgeben, überprüfen Sie bitte die allgemeinen Geschäftsbedingungen der Tischlerei Adelholz GmbH, die mir heute Morgen von der Tischlerei zugefaxt wurden. Da uns aus dem Lager eine dringende Bedarfsmeldung über Bürotische vorliegt, möchte ich den Lieferanten im heutigen Abteilungsleitermeeting vorstellen."

Allgemeine Geschäftsbedingungen der Tischlerei Adelholz GmbH

Artikel 1: Allgemeine Regelungen

(1) Nachstehende allgemeine Geschäftsbedingungen gelten für alle Verträge, Lieferungen und sonstige Leistungen. Abweichenden Vorschriften des Vertragspartners widersprechen wir hiermit ausdrücklich. Alle Nebenabreden bedürfen der schriftlichen Bestätigung unsererseits. Änderungen und Erweiterungen der allgemeinen Geschäftsbedingungen dürfen nur in Schriftform erfolgen und gelten sofort ab dem Zeitpunkt der Bekanntgabe.

(2) Der Verwender dieser AGB behält sich das Recht vor, innerhalb von vier Wochen nach Abschluss des Kaufvertrags ohne Angaben von Gründen von diesem zurückzutreten und die gelieferten Waren zurückzuverlangen.

(3) Die vom Verwender aufgestellten AGB werden in jedem Fall Vertragsbestandteil. Dies gilt auch im Falle von Individualabsprachen, ausgehandelten Verträgen und/oder Sonderkonditionen.

Artikel 2: Preise und Zahlungsbedingungen

(1) Alle Preise verstehen sich in Euro und sind Festpreise einschließlich Umsatzsteuer.

(2) Alle Angebote gelten nur, solange der Vorrat reicht. Jedoch halten wir uns an unsere Angebote 14 Tage gebunden.

(3) Die Zahlungsweisen splitten sich wie folgt auf:

Bei einem Warenwert bis zu 100,00 € innerhalb einer Bestellung berechnen wir einen Versandkostenanteil in Höhe von 10,00 € für Porto/Verpackung und Versicherung. Bei einem Warenwert ab 100,00 € fallen keine Versandkosten an. Kann der Transport von Waren aufgrund der Größe oder des Volumens nur von Speditionen übernommen werden, so behält sich die Tischlerei Adelholz GmbH eine Beteiligung bis zu 4/10 des Transportpreises vor.

(4) Bei Zahlung innerhalb von fünf Werktagen gewähren wir 3 % Skonto.

(5) Bei Bestellungen von einem Warenwert von über 1 000,00 € gewähren wir 5,00 % Rabatt.

Artikel 3: Transport- und Lieferungsbedingungen

(1) Eine Lieferung auf Rechnung ist innerhalb der Bundesrepublik Deutschland möglich. Andere europäische Länder werden ausschließlich per Vorauskasse beliefert. Die Zahlung per Vorauskasse kann jedoch nur nach einer separaten Auftragsbestätigung der Tischlerei Adelholz erfolgen. Nach Eingang des Betrags auf unserem Bankkonto wird die Ware unverzüglich an den Kunden versandt. Eine Lieferung über Europa hinaus erfolgt derzeit nicht.

(2) Der Mindestbestellwert beträgt 50,00 €.

(3) Die Tischlerei Adelholz liefert ihre Waren innerhalb von 30 Werktagen nach der versendeten Auftragsbestätigung.

Artikel 4: Weitere Geschäftsbeziehungen

Mit dem Abschluss des ersten Kaufvertrags verpflichtet sich der Kunde zu einer weiteren jährlichen Mindestbestellmenge im Gesamtwert von 10 000,00 €.

Artikel 5: Haftung

Nach Absendung der Ware durch die Tischlerei Adelholz GmbH geht die Haftung auf den Käufer über.

Artikel 6: Eigentumsvorbehalt

Bis zur vollständigen Bezahlung bleibt die Ware Eigentum der Tischlerei Adelholz GmbH.

Artikel 7: Erfüllungsort und Gerichtsstand

Erfüllungsort und Gerichtsstand ist in jedem Fall Düsseldorf.

Beschreibung und Analyse der Situation

Erläutern Sie, warum sich Unternehmen bei der Vertragsgestaltung vorgedruckter Vertragsformulare mit allgemeinen Geschäftsbedingungen bedienen.

_____
_____
_____
_____
_____
_____

Planen und durchführen

Schritt 1:

Der Gesetzgeber hat gesetzliche Regelungen zur „Gestaltung rechtsgeschäftlicher Schuldverhältnisse durch allgemeine Geschäftsbedingungen" getroffen, damit die Käufer durch die allgemeinen Geschäftsbedingungen nicht unangemessen benachteiligt werden. Fassen Sie die wichtigsten Bestimmungen für ein- und zweiseitige Handelsgeschäfte zusammen.

Beschreibung AGB:

_____
_____

Bedeutung der AGB im Wirtschaftsleben:

_____
_____
_____
_____

© Westermann Gruppe

Mögliche Inhalte der AGB:

Sinn der Regelungen im BGB zu den AGB:

Klauseln des BGB, die bei einseitigen und zweiseitigen Handelsgeschäften gelten

Wirksamkeit von Klauseln bei einseitigen Handelsgeschäften:

Weitere verbotene und damit unwirksame Klauseln in Kaufverträgen mit Privatkunden (einseitige Handelsgeschäfte) sind:

_____
_____
_____
_____
_____

Schritt 2:
Untersuchen Sie die allgemeinen Geschäftsbedingungen der Tischlerei Adelholz GmbH. Notieren Sie sich die Artikel der möglicherweise unzulässigen Formulierungen und begründen Sie Ihre Feststellung.

Artikel	Begründung

Schritt 3:

Unterbreiten Sie der Abteilungsleiterin Frau Konski einen Vorschlag, wie mit den allgemeinen Geschäftsbedingungen der Tischlerei Adelholz GmbH verfahren werden soll. Fassen Sie hierzu Ihre Ergebnisse in einer kurzen Stellungnahme an die Abteilungsleiterin Frau Konski zusammen.

_____
_____
_____

___
___
___
___
___
___

Bewerten und reflektieren

Gehen Sie mit einer anderen Gruppe zusammen und bilden Sie aus dieser Gruppe wieder zwei neue Gruppen, in denen jeweils Vertreterinnen/Vertreter der alten Gruppen sind.

Stellen Sie sich nun gegenseitig Ihre Ergebnisse vor. Ergänzen und korrigieren Sie Ihre Ergebnisse, falls notwendig.

Lernergebnisse sichern

Ergänzen Sie folgende Übersicht zu den allgemeinen Geschäftsbedingungen.

Allgemeine Geschäftsbedingungen (AGB)	
Definition	___
Vorteile	___
Nachteile	___

Lesen Sie die in Ihrem Lehrbuch auf Seite 448 aufgeführten allgemeinen Geschäftsbedingungen der Primus GmbH. Bringen Sie für die nächste Unterrichtsstunde die allgemeinen Geschäftsbedingungen Ihres Ausbildungsbetriebs mit in die Schule und vergleichen Sie diese mit den AGB der Primus GmbH. Nutzen Sie dazu das folgende Schema.

Inhalte	AGB der Primus GmbH	AGB Ihres Ausbildungsbetriebs
Preisgestaltung	___	___
Zahlungszeit	___	___
Rückgaberecht der Ware	___	___
Lieferzeit	___	___

© Westermann Gruppe

Inhalte	AGB der Primus GmbH	AGB Ihres Ausbildungsbetriebs
Gefahrenübergang	_____	_____
Garantie	_____	_____
Erfüllungsort	_____	_____
Gerichtsstand	_____	_____
Eigentumsvorbehalt	_____	_____

Übung 5.1: Lieferantenkredit

Im April erhält die Primus GmbH die unten stehende Eingangsrechnung von der Vereinigte Maschinen AG, dem Hersteller einer bestellten Stanz- und Walzmaschine, in Höhe von 60 000,00 €. Die Primus GmbH überlegt, ob sie diese Rechnung sofort bezahlen und somit den Skontoabzug nutzen soll. Den Ausgleich der Rechnungssumme würde die Primus GmbH über ihr Kontokorrentkonto finanzieren. Für die Nutzung des Kontokorrentkredits würde die Sparkasse Duisburg 10 % Soll-Zinsen von der Primus GmbH verlangen. Überprüfen Sie, ob sich die Inanspruchnahme von Skonto durch Nutzung des Kontokorrentkontos lohnt.

Rechnung Nr. 12345

Menge	Artikelbezeichnung	Version	Listeneinzelpreis	Listengesamtpreis
1	Stanz- und Walzmaschine	Komfort	50 420,17 €	50 420,17 €

Zahlbar innerhalb von 30 Tagen netto Kasse oder innerhalb von zehn Tagen unter Abzug von 2 % Skonto.	Nettowarenwert	50 420,17 €
	19 % USt.	9 579,83 €
	Rechnungsbetrag	**60 000,00 €**

1. Erläutern Sie die Bedeutung der in der Rechnung angegebenen Zahlungsbedingung „Zahlbar innerhalb von 30 Tagen netto Kasse oder innerhalb von zehn Tagen unter Abzug von 2 % Skonto".

_____
_____
_____
_____

© Westermann Gruppe

2. Berechnen Sie, wie hoch der Skontobetrag in Euro ist.

3. Bestimmen Sie, wie hoch die Zinsen für die Nutzung des Kontokorrentkredites sind.

4. Ermitteln Sie den Finanzierungsvorteil bzw. -nachteil in Euro.

Übung 5.2: Leasing

In der Primus GmbH muss der Dienstwagen eines Außendienstmitarbeiters zum 01.12.20.. ausgetauscht werden. Die Geschäftsführerin der Primus GmbH, Sonja Primus, hat diesbezüglich bei der Automobil-Leasing GmbH und bei der Sparkasse Duisburg bereits ein Leasing- bzw. Darlehensangebot für einen neuen Kombi eingeholt. Die beiden Angebote treffen am heutigen Morgen ein. Für jedes der beiden Angebote gelten die gleichen Bedingungen bezüglich der Laufzeit von vier Jahren und einer Kilometerleistung von insgesamt 200 000 km. Frau Primus beauftragt den Auszubildenden Andreas Brandt damit, die vorliegenden Darlehens- und Leasingangebote zu vergleichen und ihr eine begründete Empfehlung zu unterbreiten, für welches Angebot sich die Primus GmbH entscheiden sollte.

Leasingangebot der Automobil-Leasing GmbH:

Laufzeit:	48 Monate
Jährliche Gesamtfahrleistung:	50 000 km
Kalkulierter Restwert:	5 000,00 €
Leasing-Anzahlungspreis:	2 000,00 €
Monatliche Leasingrate:	710,00 €

Am Ende der Laufzeit können Sie bei Interesse das Auto für den kalkulierten Restwert erwerben.

© Westermann Gruppe

Darlehensangebot der Sparkasse Duisburg (Abzahlungsdarlehen):

Kreditsumme:	32 800,00 €
Laufzeit:	4 Jahre
Nominalzinssatz:	10 % per anno

1. Nennen Sie stichpunktartig drei Aspekte, die Ihnen zum Thema Leasing einfallen.

2. Beschreiben Sie stichpunktartig, was unter einem Abzahlungsdarlehen verstanden wird.

3. Vergleichen Sie die Liquiditätsbelastung der beiden Finanzierungsalternativen für den Geschäftswagen.

Leasing			
Jahr	Leasingraten		Liquiditätsbelastung
	Monatlich	Jährlich	
1			
2			
3			
4			
Summe:			

Kredit				
Jahr	Kredit am Jahresbeginn	Tilgung	Zinsen	Liquiditätsbelastung
1				
2				
3				
4				
Summe:				

Ihre Entscheidung:

_____
_____
_____

4. Beschreiben Sie auf der Grundlage Ihrer bisherigen Arbeitsergebnisse den Unterschied zwischen Leasing und Darlehensfinanzierung. Erläutern Sie dabei auch, welche Auswirkungen das Leasing oder die Darlehensfinanzierung eines Dienstwagens auf die Bilanz bzw. die Gewinn- und Verlustrechnung der Primus GmbH hat.

Leasing:

_____
_____
_____
_____
_____
_____
_____
_____
_____
_____
_____
_____
_____

Darlehensfinanzierung:

_____
_____
_____
_____
_____
_____
_____
_____
_____
_____
_____

© Westermann Gruppe

Übung 5.3: Ausfuhrkontrolle

Unternehmen des Groß- und Außenhandels, die Waren, Technologie oder Software in Drittländer exportieren, müssen stets darüber informiert sein, ob ihr geplantes Exportgeschäft von einem Verbot oder einer Genehmigungspflicht betroffen ist.

1. Benennen Sie, welche Fragen sich die Primus GmbH im Rahmen ihrer internen Prüfung zur Ausfuhrkontrolle stellen sollte.

2. Um mit möglichen Ausfuhrbeschränkungen rechtssicher umgehen zu können, sind Groß- und Außenhandelsunternehmen auf verlässliche, gut zugängliche Informationsquellen angewiesen. Beschreiben Sie, wo und wie sich die Primus GmbH über Ausfuhrbeschränkungen informieren kann.

3. Legen Sie dar, welches Dokument bei genehmigungspflichtigen Ausfuhren vom Exporteur bei der BAFA einzureichen ist, und beschreiben Sie dieses Dokument.

© Westermann Gruppe

Prüfungsorientierte Aufgaben

Kaufmann/Kauffrau für Groß- und Außenhandelsmanagement

1. Aufgabe
Stellen Sie fest, welche Angabe bei der Gehaltsabrechnung zu den Bewegungsdaten zählt.
Tragen Sie die richtige Antwort in das Kästchen ein.
1. Geburtsdatum
2. Adresse
3. Personalnummer
4. Steuerklasse
5. Entgelt für geleistete Überstunden

2. Aufgabe
Stellen Sie fest, bei welchen Daten es sich um Stammdaten handelt. Tragen Sie die richtige Antwort in das Kästchen ein.
1. Bestelldaten
2. Artikelpreise
3. Bestellmengen
4. Kundennummern
5. Kundenumsätze

3. Aufgabe
Die Primus GmbH verkauft Schreibtische an die Herstadt Warenhaus GmbH. Prüfen Sie, um welche Art von Rechtssubjekten es sich bei den Vertragspartnern im vorliegenden Fall handelt. Tragen Sie die richtige Antwort in das Kästchen ein.

Verkäufer	Käufer
1. natürliche, geschäftsfähige Person	natürliche, geschäftsfähige Person
2. natürliche, nicht geschäftsfähige Person	juristische, nicht geschäftsfähige Person
3. juristische, rechtsfähige Person	natürliche, geschäftsfähige Person
4. juristische, rechtsfähige Person	juristische, rechtsfähige Person
5. juristische, nicht rechtsfähige Person	juristische, nicht rechtsfähige Person

4. Aufgabe
In welchen der unten stehenden Fälle
1. kommt trotz beschränkter Geschäftsfähigkeit eines Beteiligten ein Vertrag zustande?
2. kommt trotz der Geschäftsunfähigkeit eines Beteiligten ein Vertrag zustande?
3. kommt trotz der Geschäftsfähigkeit eines Beteiligten ein Vertrag nicht zustande?
4. ist die Willenserklärung wegen beschränkter Geschäftsfähigkeit eines Beteiligten schwebend unwirksam?
5. ist die Willenserklärung wegen Geschäftsunfähigkeit eines Beteiligten unwirksam?

Tragen Sie die richtige Antwort in das jeweilige Kästchen ein.

a) Hans Meyer schenkt seiner zehnjährigen Enkelin Johanna ohne Rücksprache mit den Eltern eine Armbanduhr im Wert von 49,00 €. Die Eltern sind damit nicht einverstanden.

b) Der sechsjährige Martin kauft sich von seinem Taschengeld ein Eis.

c) Der 17-jährige Norbert schließt ohne das Wissen seiner Eltern beim Kauf eines Mofas für 1 600,00 € einen schriftlichen Ratenvertrag ab. Die Raten will er mit seinem Taschengeld von monatlich 30,00 € bezahlen.

© Westermann Gruppe

d) Der sechsjährige Peter kauft am Kiosk mit abgezähltem Geld eine Frauenzeitschrift für seine Mutter. Der Verkäufer weiß, dass Peter häufig diese Zeitung für seine Mutter holt.

e) Die 17-jährige Claudia Müller kündigt ihr Arbeitsverhältnis, das sie mit Zustimmung ihrer Eltern abgeschlossen hat.

5. Aufgabe

Die Primus GmbH will für den Neubau eines Verwaltungsgebäudes ein zentrumnahes Grundstück von der Stadt Duisburg erwerben. Zwischen dem Unternehmen und der Stadt wird ein notariell beurkundeter Vertrag geschlossen. Stellen Sie fest, um welche Art von Rechtsgeschäft es sich dabei handelt. Tragen Sie die richtige Antwort in das Kästchen ein.

1. zweiseitiges, nicht empfangsbedürftiges Rechtsgeschäft
2. einseitig verpflichtendes Rechtsgeschäft
3. zweiseitig verpflichtendes Rechtsgeschäft
4. einseitig empfangsbedürftiges Rechtsgeschäft
5. zweiseitig formfreies Rechtsgeschäft

6. Aufgabe

Sie tätigen zwei Rechtsgeschäfte. Ordnen Sie zu, indem Sie die Kennziffern von **zwei** der insgesamt sechs Vertragsarten in die Kästchen neben den Erklärungen eintragen.

Vertragsarten
1. Kaufvertrag
2. Mietvertrag
3. Werkvertrag
4. Darlehensvertrag
5. Leihvertrag
6. Versicherungsvertrag

Rechtsgeschäfte
a) entgeltliche Überlassung von Sachen zum Gebrauch
b) unentgeltliche Überlassung von Sachen zum Gebrauch

7. Aufgabe

Die Primus GmbH lässt die Konferenzstühle, die durch das Missgeschick eines Kunden beschädigt wurden, von einem Polstereibetrieb neu beziehen. Prüfen Sie, welcher Vertrag zwischen der Primus GmbH und dem Polstereibetrieb zustande gekommen ist. Tragen Sie die richtige Antwort in das Kästchen ein.

1. Arbeitsvertrag
2. Kaufvertrag
3. Versicherungsvertrag
4. Werkvertrag
5. Dienstvertrag
6. Werklieferungsvertrag

8. Aufgabe

Die Primus GmbH kauft von der Stadt Duisburg ein Grundstück. Prüfen Sie, wann die Primus GmbH Eigentümerin des Grundstücks wird. Tragen Sie die richtige Antwort in das Kästchen ein.

1. mit der Bezahlung des vereinbarten Kaufpreises
2. mit Abschluss des Kaufvertrages
3. mit Auflassung und Eintragung in das Grundbuch
4. mit der Einigung der Vertragspartner über den Eigentumsübergang und der Bezahlung des Kaufpreises
5. mit der notariellen Beurkundung des Kaufvertrages

9. Aufgabe
Welche Formvorschriften gelten bei den folgenden Rechtsgeschäften? Tragen Sie die jeweils richtige Antwort in das Kästchen ein.
1. formfrei
2. Schriftform
3. notarielle Beglaubigung
4. notarielle Beurkundung

Rechtsgeschäfte
a) Grundstückskaufvertrag
b) Anmeldung zum Handelsregister
c) Kauf einer Maschine im Wert von 1 Million €

10. Aufgabe
In welchen der unten stehenden Fälle sind die Willenserklärungen bzw. Rechtsgeschäfte
1. uneingeschränkt rechtswirksam,
2. rechtswirksam, aber anfechtbar,
3. schwebend unwirksam,
4. nichtig?
Tragen Sie die jeweils richtige Antwort in das Kästchen ein.

Fälle
a) Der Verkäufer eines Pkw verschweigt dem Käufer, dass es sich um ein Unfallfahrzeug handelt.
b) Ein Grundstücksverkaufsvertrag wurde notariell beglaubigt.
c) Der Patenonkel schenkt der 14-jährigen Anna zum Geburtstag 100,00 €, die sie annimmt.
d) Die 15-jährige Meike eröffnet bei der Kölnbank ein Sparkonto, um 100,00 € ihres gesparten Taschengeldes darauf einzuzahlen.

11. Aufgabe
In welchen der unten stehenden Fälle handelt es sich bei den jeweiligen Willenserklärungen
1. um einen Antrag,
2. um die Annahme eines Antrages,
3. weder um einen Antrag noch um die Annahme eines Antrages?
Tragen Sie die jeweils zutreffende Antwort in das Kästchen ein.

Fall 1
a) Die Primus GmbH unterbreitet einem Einzelhändler telefonisch ein Angebot.
b) Der Einzelhändler bestellt fünf Tage später per Fax.

Fall 2
a) Die Primus GmbH sendet einem Unternehmen nicht bestellte Druckerpatronen zu.
b) Dieses Unternehmen verwendet die Druckerpatronen und bezahlt die Ware gemäß Rechnung.

Fall 3
a) Die Primus GmbH verschickt den Vierteljahreskatalog an alle Kunden.
b) Mehrere Unternehmen bestellen daraufhin entsprechende Produkte.

© Westermann Gruppe

12. Aufgabe
Sie überprüfen mehrere geschäftliche Handlungen der Primus GmbH. Prüfen Sie, in welchem Fall diese ein rechtsverbindliches Angebot abgibt. Tragen Sie die richtige Antwort in das Kästchen ein. ☐
1. Sie lässt Handzettel an alle branchentypischen Einzelhändler in der Stadt verteilen.
2. Sie veröffentlicht in einer Tageszeitung eine Anzeige mit verbindlicher Preisangabe.
3. Sie schaltet eine Werbeanzeige in einer Fachzeitschrift mit Angabe von Preisen.
4. Sie macht allen Neukunden ein schriftliches Angebot mit dem Hinweis „freibleibend".
5. Sie bietet einem Stammkunden telefonisch einen Sonderposten zu besonders günstigen Konditionen an.

13. Aufgabe
Ein Einkäufer der Primus GmbH hat sich in einem Messegespräch bei einem Lieferanten am 18. Februar unter anderem die Konditionen und Preise für einen bestimmten Schreibtisch mündlich geben lassen und den Stand ohne weitere Vereinbarung verlassen. Fünf Tage später ergibt sich ein dringender Bedarf für diesen Schreibtisch und er bestellt zu den Konditionen der Messe. Prüfen Sie, ob in diesem Fall ein rechtswirksamer Kaufvertrag zustande gekommen ist. Tragen Sie die richtige Antwort in das Kästchen ein. ☐
1. Ja, die Bestellung führt zum Kaufvertrag, da das Angebot noch gültig ist.
2. Nein, ein Kaufvertrag kann nur durch die Annahme eines schriftlichen Angebots entstehen.
3. Ja, mündliche Angebote sind verbindlich. Die Bestellung stellt die Annahmeerklärung dar.
4. Nein, das mündliche Angebot ist erloschen. Die Bestellung ist ein Antrag, der noch angenommen werden muss.
5. Nein, das mündliche Angebot ist freibleibend. Antrag und Annahme sind immer zusätzlich erforderlich.

14. Aufgabe
Die Primus GmbH schließt am 13. Januar mit Kai Müller e. K. einen Kaufvertrag über eine Spülmaschine für die Betriebskantine ab.
a) Welche der folgenden Arten des Kaufvertrages liegt in diesem Fall vor? Tragen Sie die richtige Antwort in das Kästchen ein. ☐
1. bürgerlicher Kauf
2. einseitiger Handelskauf
3. zweiseitiger Handelskauf

b) Lieferung und Montage durch Kai Müller e. K. erfolgen vereinbarungsgemäß am 15. Januar. Die Primus GmbH überweist den Rechnungsbetrag am 26. Februar. Ab welchem Datum ist die Primus GmbH Eigentümerin der Spülmaschine?
Lösung: _____

15. Aufgabe
Ein Kunde (Verbraucher) beschwert sich zu Recht über unzulässige Einschränkungen in den allgemeinen Geschäftsbedingungen (AGB) der Primus GmbH. Prüfen Sie, welche Regelung in den AGB dem BGB widerspricht. Tragen Sie die richtige Antwort in das Kästchen ein. ☐
1. Individuelle Vertragsabreden haben Vorrang vor den allgemeinen Geschäftsbedingungen.
2. Nachträgliche Vertragsänderungen bedürfen der Schriftform.
3. Ab dem Zahlungsverzug werden Zinsen in Höhe von 5 % über dem Basiszinssatz berechnet.
4. Sämtliche Ansprüche bei Vorliegen eines Mangels (Schlechtleistung) werden ausgeschlossen.

16. Aufgabe

Für die Außendienstmitarbeiter muss die Primus GmbH neue Fahrzeuge anschaffen. Das Investitionsvolumen dafür beträgt 200 000,00 €. Weil eine Eigenfinanzierung ausscheidet, soll geprüft werden, ob die Fahrzeuge geleast werden sollen oder ein Kredit bei der Sparkasse Duisburg aufgenommen werden soll. Geben Sie an, welchen Vorteil eine Leasingfinanzierung für die Primus GmbH hätte. Tragen Sie die richtige Antwort in das Kästchen ein. ☐

1. Die Leasingraten können aus den Erträgen finanziert werden, somit muss bei der Anschaffung nicht der volle Kaufpreis zur Verfügung stehen.
2. Wenn die Fahrzeuge geleast werden, sind sie laut amtlicher AfA-Tabelle nach fünf Jahren voll abgeschrieben und werden Eigentum der Primus GmbH.
3. Während der Grundmietzeit ist die Primus GmbH berechtigt, die geleasten Fahrzeuge immer jederzeit an den Leasinggeber zurückzugeben.
4. Neben den Abschreibungen fallen nur relativ niedrige Leasingraten an.
5. Es können wahlweise die Leasingraten oder die Abschreibungsbeiträge steuermindernd als Betriebsausgaben erfasst werden.

LERNFELD 3
Beschaffungsprozesse durchführen

Lernsituation 1: Das vorhandene Sortiment analysieren und Vorschläge für Sortimentsveränderungen unterbreiten

Die Geschäftsleitung der Primus GmbH möchte ihre Unternehmensstrategie langfristig neu gestalten und ihr Sortiment künftig stärker an Aspekten der Nachhaltigkeit orientieren. Sie hat diesbezüglich vor drei Quartalen entschieden, ein Probesortiment aufzunehmen, das stärker auf Nachhaltigkeit ausgerichtet ist. Dieses umfasst z. B. Büromaterialien und Büromöbel, welche aus recycelten oder nachwachsenden Rohstoffen oder mit niedrigem Energieverbrauch hergestellt werden. Die Geschäftsleitung der Primus GmbH erhofft sich dadurch, neue Wachstumspotenziale zu schaffen. Am heutigen Morgen beauftragt die Geschäftsleitung die Einkaufsabteilung, der Nicole Höver aktuell zugeordnet ist, eine sortimentspolitische Entscheidung im Hinblick darauf zu treffen, welche Artikel aus dem Probesortiment „Nachhaltigkeit" langfristig ins Sortiment aufgenommen werden sollen. Das Warenwirtschaftssystem der Primus GmbH zeigt Ihnen die bisherigen Umsätze:

Bisherige Umsätze (netto)	Probesortiment „Nachhaltigkeit"				
	Büromaterial	Kopierpapier	Büroeinrichtung	Bürotechnik	Ordner/Archivieren
1. Quartal	21 000,00 €	17 000,00 €	36 000,00 €	45 000,00 €	7 000,00 €
2. Quartal	32 000,00 €	16 000,00 €	32 500,00 €	46 000,00 €	7 550,00 €
3. Quartal	39 000,00 €	15 500,00 €	32 000,00 €	48 000,00 €	7 500,00 €

Beschreibung und Analyse der Situation

Erläutern Sie, aus welchem Grund die Geschäftsleitung der Primus GmbH das Probesortiment vor drei Quartalen eingeführt hat.

© Westermann Gruppe

Beschreiben Sie, was unter einem Probesortiment zu verstehen ist.

___

Analysieren Sie die Umsatzentwicklung der einzelnen Warengruppen aus dem Probesortiment in den vergangenen drei Quartalen.

___

Analysieren Sie, welche wesentlichen Aspekte/Einflüsse bei der Sortimentsplanung beachtet werden sollten.

___

Planen

Die Geschäftsleitung der Primus GmbH möchte nun die Umsätze des Probesortiments „Nachhaltigkeit" genauer prüfen und eine sortimentspolitische Entscheidung im Hinblick darauf treffen, welche Artikel aus dem Probesortiment langfristig ins Sortiment aufgenommen werden sollen. In welcher unterschiedlichen Art und Weise kann eine Sortimentskontrolle durchgeführt werden?

___

Durchführen und bewerten

Die Geschäftsleitung der Primus GmbH möchte, dass Sie eine sortimentspolitische Entscheidung auf Grundlage der Deckungsbeitragsrechnung treffen, und erwartet Ihre begründete Entscheidung in dem kurzfristig anberaumten Einkaufsmeeting. Verwenden Sie dafür die unten aufgeführten Daten, welche durch das Warenwirtschaftssystem zur Verfügung gestellt werden.

Bisherige Umsätze (netto)	Probesortiment „Nachhaltigkeit"				
	Büromaterial	Kopierpapier	Büroeinrichtung	Bürotechnik	Ordner/Archivieren
Umsatz					
Waren-einsatz	41 400,00 €	38 800,00 €	70 350,00 €	104 250,00 €	8 820,00 €
Anteilige Handlungs-kosten	6 440,00 €	8 790,00 €	12 060,00 €	10 636,20 €	2 050,65 €

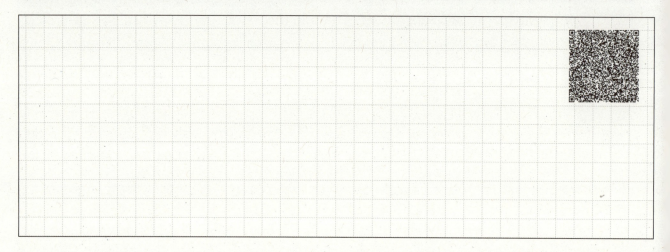

Bewerten Sie das Ergebnis der vorgenommenen Deckungsbeitragsrechnung und treffen Sie eine sortimentspolitische Entscheidung.

Nicole Höver schlägt vor, die Warengruppe „Kopierpapier" aus dem nachhaltigen Probesortiment zu entfernen. Bewerten Sie den Vorschlag von Nicole Höver.

___

Bewerten Sie ebenfalls das Verhältnis zwischen den Werten Umsatz, Wareneinsatz und Handlungskosten und leiten Sie für die Einkaufsabteilung eine wichtige Schlussfolgerung ab.

___

Lernergebnisse sichern

Sammeln Sie Maßnahmen, welche die Primus GmbH unabhängig von der Einkaufsabteilung vornehmen könnte, sodass der Deckungsbeitrag einer Warengruppe erhöht werden könnte.

___

© Westermann Gruppe

Übung 1.1: Sortimentsumfang

Nicole Höver und Andreas Brandt bereiten sich gemeinsam auf die anstehende Klassenarbeit vor. Nicole Höver versteht dabei den Unterschied zwischen der Sortimentstiefe und der Sortimentsbreite nicht. Erklären Sie die beiden Begriffe mit Ihren eigenen Worten.

Begriff	Erläuterung
Sortimentstiefe	
Sortimentsbreite	

„Na toll!", wendet Nicole ein. „Das verstehe ich aber immer noch nicht richtig. Kannst du mir nicht ein Beispiel nennen?" „Okay", antwortet Andreas. „Stell dir einen Getränkemarkt und eine Weinhandlung vor. An diesen Beispielen kannst du bestimmt die Sortimentsbreite und Sortimentstiefe erklären." Helfen Sie Nicole Höver bei der Erklärung.

© Westermann Gruppe

Übung 1.2: Sortimentspyramide

Der Aufbau eines Sortiments lässt sich in Form einer Pyramide darstellen. Vervollständigen Sie die unten stehende Tabelle, indem Sie die Begriffe erläutern und jeweils ein Beispiel aus der Primus GmbH und aus Ihrem Ausbildungsbetrieb nennen.

Sortiment	Erläuterung	Beispiele Primus GmbH	Beispiele Ausbildungsbetrieb
Sorte			
Artikel			
Warengruppe			
Warenbereich			

Übung 1.3: Sortimentsaufbau

Vervollständigen Sie die unten aufgeführte Tabelle, indem Sie die aufgeführten Begriffe erläutern und Beispiele aus der Primus GmbH dazu nennen.

Begriff	Erläuterung	Beispiele
Kernsortiment		
Randsortiment		
Rahmensortiment		
Probesortiment		
Auslaufsortiment		

Lernsituation 2: Sie führen die Zeit-, Mengen- und Bedarfsplanung als Grundlage für eine optimale Beschaffungsstrategie durch

Nicole Höver, Auszubildende bei der Primus GmbH, diskutiert mit ihrem Kollegen und Klassenkameraden Andreas Brandt. Andreas: „Jede Woche muss ich neue Bestellvordrucke ausfüllen. Wir sollten unseren gesamten Quartalsbedarf z. B. bei der Warengruppe ‚Verbrauchsmaterial‘ am besten auf einmal bestellen, dann fielen alle Arbeiten nur einmal an, nämlich Waren annehmen, prüfen, einlagern usw. Wir bräuchten dann auch nur eine einzige Bestellung pro Quartal zu bearbeiten, das würde Kosten sparen."

Nicole: „Ich war gerade erst auf einem Seminar in unserer Abteilung, in dem auf die Bedeutung der Verkaufsdatenanalyse hingewiesen wurde. Wie willst du denn auf eine Veränderung der Kundenwünsche reagieren, wenn du die Waren für eine so lange Zeit im Voraus kaufen willst? Zudem hätten wir riesige Lagerkosten. Deshalb ist es besser, wenn wir unseren Bedarf auf mehrere Bestellungen verteilen, mal ganz abgesehen von den modischen Überlegungen, die ich z. B. bei der Warengruppe ‚Büroeinrichtung‘ anstellen muss, da sich hier der Geschmack sehr schnell verändert und ständig technische Neuerungen auf den Markt kommen. Wie dies ganz genau geht, weiß ich aber auch noch nicht. Werde dies aber bestimmt lernen, Frau Konski hat mich heute beauftragt, einmal selbstständig die richtige Bestellmenge (Mengenplanung) für den Bürostuhl ‚Ergo-Design Natur‘ zu ermitteln."

Beschreibung und Analyse der Situation

Beschreiben Sie die unterschiedlichen Standpunkte und Gründe für diese Standpunkte, die Nicole Höver und Andreas Brandt hinsichtlich des Beschaffungsprozesses in der Primus GmbH haben. Welchen Standpunkt vertreten Sie?

Andreas' Standpunkt	=
Andreas' Begründung	=
Nicoles Standpunkt	=
Nicoles Begründung	=
Ihr Standpunkt	=
Ihre Begründung	=

© Westermann Gruppe

Planen

Was verstehen Sie unter der richtigen bzw. optimalen Bestellmenge?

„Was ist überhaupt die richtige (optimale) Bestellmenge?"

Die optimale Bestellmenge ist die Menge, ...

_____
_____
_____

Formel:

$$\text{Optimale Bestellmenge} = \sqrt{\frac{200 \cdot \text{Jahresbedarf} \cdot \text{Bestellkosten}}{\text{Bezugs-/Einstandspreis} \cdot \text{Lagerhaltungskosten}}}$$

$$\text{Durchschnittlicher Lagerbestand} = \frac{\text{Bestellmenge}}{2}$$

Lernsituation 2

Durchführen

Zur Bearbeitung erhalten Sie von Frau Konski folgende Informationen:

> Liebe Frau Höver,
>
> wir benötigen jährlich 1.800 Bürostühle „Ergo-Design Natur", welche einen Listeneinkaufspreis von je 100,00 € haben. Die Lagerhaltungskosten pro Stück betragen jährlich 30,00 €. Um jederzeit lieferfähig zu sein, wird ein Mindestlagerbestand von 10 Stück gehalten. Täglich werden im Durchschnitt 5 Stück verkauft. Bei jedem Kauf haben wir feste Bestellkosten von 20,00 € ermittelt.
>
> - Erstellen Sie bitte auch eine Tabelle, in welcher Sie die Kosten für unterschiedliche Bestellmengen pro Jahr festhalten.
> - Überprüfen Sie Ihre Ergebnisse grafisch und rechnerisch!
> - Verwenden Sie folgendes Schema!
>
> Mit freundlichen Grüßen
> Konski

Anzahl Bestellungen	Bestellmenge	Durch-schnittl. Lagerbestand	Lagerkosten	Bestellkosten	Gesamtkosten
1					
2					
8					
18					
36					
60					

Die optimale Bestellmenge lautet: _____ Stück.

Berechnung der optimalen Bestellmenge mithilfe der Formel:

Optimale Bestellmenge =

Bewerten

Vergleichen Sie Ihre Ergebnisse zunächst mit denen einer anderen Gruppe, bevor ein Abgleich im Unterrichtsgespräch erfolgt. Präsentieren Sie die Gruppenergebnisse in der Klasse und bewerten Sie pro Gruppe, wie die jeweilige Gruppenarbeit verlaufen ist. An folgenden Fragen können Sie sich bei der Bewertung der Gruppenarbeit orientieren:

Wie zufrieden bin ich mit dem Arbeitsklima in unserer Gruppe?

_____
_____
_____
_____

Wie zufrieden bin ich mit der Qualität unseres Arbeitsergebnisses?

_____
_____
_____
_____

Unsere Konsequenzen für die nächste Gruppenarbeit:

_____
_____
_____
_____

Lernergebnisse sichern

Diskutieren Sie den Inhalt einer Karte in der Gruppe und nehmen Sie zu dieser Stellung.

„Häufig kann eine optimale Bestellmenge gar nicht verwirklicht werden!"

„Was haben Sie bei der Bearbeitung der Lernsituation gelernt?"

Nehmen Sie Stellung zu folgender Aussage: „In einer optimalen Beschaffungsstrategie liegt der Gewinn!"

„Welche offenen Fragen haben Sie noch?"

Übung 2.1: Den Melde- und den Mindestbestand ermitteln

In der Primus GmbH werden durchschnittlich sechs Mengeneinheiten des Artikels „Schreibtisch Classic Natur" pro Tag verkauft. Die Beschaffungszeit beträgt sechs Tage.

Aufgrund von Erfahrungswerten wurde von der Primus GmbH ein Mindestbestand von 25 Stück festgelegt. Der Höchstbestand liegt bei 175 Stück.

1. Ermitteln Sie den Meldebestand.

2. Begründen Sie, weshalb die Primus GmbH einen Mindestbestand hält.

3. Bei dem Lieferanten für den Schreibtisch „Classic Natur" kommt es unvorhergesehen zu Lieferstörungen. Wie viele Tage kann die Primus GmbH mit dem Mindestbestand die Verkaufsbereitschaft aufrechterhalten?

© Westermann Gruppe

Übung 2.2: Das Bestellpunkt-, das Bestellrhythmus- und das Just-in-time-Verfahren miteinander vergleichen

Vergleichen Sie die drei Verfahren zur zeitlichen Beschaffungsplanung, indem Sie die unten aufgeführte Übersicht vervollständigen.

Bestellpunktverfahren

⊕ Vorteile des Verfahrens	⊖ Nachteile des Verfahrens

Bestellrhythmusverfahren

⊕ Vorteile des Verfahrens	⊖ Nachteile des Verfahrens

Just-in-time-Verfahren

⊕ Vorteile des Verfahrens	⊖ Nachteile des Verfahrens

© Westermann Gruppe

Übung 2.3: Ökologische und ökonomische Probleme aufgrund des Just-in-time-Verfahrens

Die Geschäftsleitung der Primus GmbH zieht in Erwägung, das Just-in-time-Verfahren weiter auszubauen, um so die Lagerbestände und Lagerkosten weiter zu minimieren. Welche Probleme resultieren aus diesem Vorhaben sowohl für die Primus GmbH als auch für die Gesellschaft? Nutzen Sie dazu die unten aufgeführte Tabelle.

Probleme für die Primus GmbH	Probleme für die Gesellschaft
_____	_____
_____	_____
_____	_____
_____	_____
_____	_____

Lernsituation 3: Sie ermitteln Bezugsquellen und formulieren eine Anfrage an einen möglichen Lieferer

Die Stadtverwaltung Duisburg teilt der Primus GmbH per Fax mit, dass sie zusätzlich zu den Schreibtischen „Primo Natur", die bereits geliefert worden sind, 100 Ansatztische, das sind Verlängerungstische für Schreibtische, benötigt. Nicole Höver stellt im Warenwirtschaftssystem fest, dass die Primus GmbH keine Ansatztische aus nachhaltiger Produktion in ihrem Sortiment führt.

Beschreibung und Analyse der Situation

Sammeln Sie zunächst alle relevanten **Handlungen**, welche nach einer Anfrage eines Kunden bei nicht im Sortiment befindlicher Ware getätigt werden müssen, damit die Belieferung des Kunden reibungslos funktioniert. Schreiben Sie anschließend die in der Gruppe gefundenen Handlungen in einer **sinnvollen Reihenfolge** auf.

Lernsituation 3 – Übungsaufgaben

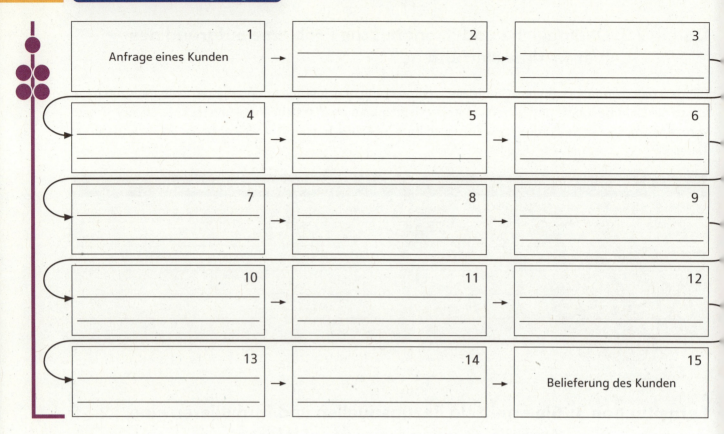

1 Anfrage eines Kunden	2	3
4	5	6
7	8	9
10	11	12
13	14	15 Belieferung des Kunden

Planen

Für die Beschaffung der Ansatztische werden neue Lieferanten gesucht. Nennen Sie diesbezüglich Beispiele für die **interne (innerbetriebliche)** und **externe (außerbetriebliche) Bezugsquellenermittlung**.

Interne Bezugsquellenermittlung	Externe Bezugsquellenermittlung

© Westermann Gruppe

Marc Cremer, Gruppenleiter der Abteilung Import, möchte auch Bezugsquellen aus dem Ausland einbeziehen. Nennen Sie drei mögliche **Informationsquellen für den Außenhandel** und erläutern Sie kurz, wo die Einrichtungen ansässig sind, welche Informationen Sie dort erhalten und wie Sie diese finden (Internetseite).

Informationsquellen für den Außenhandel	Wo?	Was?	Internetseite

Durchführen

Nachdem Herr Cremer die Ergebnisse Ihrer Bezugsquellenermittlung bearbeitet hat, legt er Ihnen folgende Notiz und eine Visitenkarte auf den Schreibtisch, welche er auf der letzten Möbelmesse, der imm cologne in Köln, von einem potenziellen Lieferanten für Ansatztische erhalten hat. Er bittet Sie, eine **Anfrage** nach der DIN-Norm 5008 für Geschäftsbriefe zu schreiben.

Hinweis

Bitte fragen Sie 100 Ansatztische „Natur" an! Die Ansatztische sollten aus Naturholz und FSC-zertifizierter Ware sein. Dies ist Holzware, welche eine ökologische, nachhaltige, sozialverträgliche und ökonomische Waldnutzung garantiert.

Besten Dank!
Cremer

Michael Horn
Verkauf
Salesmanager

Telefon: 030 44774-14
E-Mail:
m.horn@
buemoe-jansen.de

BüMö Jansen GmbH

BüMö Jansen GmbH
Nockerstr. 89
12053 Berlin

Lernsituation 3

Büroeinrichtung und Zubehör

Primus GmbH · Koloniestraße 2 – 4 · 47057 Duisburg

Ihr Zeichen:
Ihre Nachricht vom:
Unser Zeichen:
Unsere Nachricht vom:

Name:
Telefon:
Telefax:
E-Mail:

Datum:

Primus GmbH
Koloniestraße 2 – 4
47057 Duisburg

Telefon: 0203 44536-90
Telefax: 0203 44536-98
E-Mail: info@primus-bueroeinrichtung.de
Internet: www.primus-bueroeinrichtung.de

Handelsregistereintragung:
Amtsgericht Duisburg
HRB 467-0301

Steuernummer: 109/1320/0146
USt-IdNr.: DE124659333
Geschäftsführung:
Sonja Primus, Markus Müller

Bankverbindung:
Sparkasse Duisburg
IBAN: DE12 3505 0000 0360 0587 96
BIC: DUISDE33XXX

Postbank Dortmund
IBAN: DE76 4401 0046 0286 7784 31
BIC: PBNKDEFF440

Bewerten

Bilden Sie zur Bewertung Ihrer Anfragen neue Gruppen. Tragen Sie in der jeweiligen Gruppe der Reihe nach Ihre Anfragen vor. Geben Sie jedem Ihrer Gruppenmitglieder eine kurze Rückmeldung. Der folgende Rückmeldungsbogen soll Ihnen dabei helfen.

© Westermann Gruppe

Leitaspekt	Richtig √	Falsch x	Vorschlag zur Verbesserung ☺
1) **Form**			
Adressatenfeld			
Bezugszeichenzeile			
Betreffvermerk			
2) **Inhalt**			
passende Einleitung			
schlüssige Formulierung zum gewünschten Artikel einschließlich Menge, Qualitätsansprüchen etc.			
Grußformel und Unterschrift			
3) **Rechtschreibung**			
4) **Sonstiges**			

Lernergebnisse sichern

Finden Sie für die unterschiedlichen Abschnitte einer Anfrage mögliche Formulierungen.

Abschnitte	Formulierungen
Einleitung	
Gegenstand der Anfrage	
Bedarf/Stückzahl	

© Westermann Gruppe

Abschnitte	Formulierungen
Preis/Lieferung/Qualität	
Schluss	

Übung 3.1: Rund um die Anfrage

Vervollständigen Sie die Übersicht zum Thema „Anfrage".

Die Anfrage	
Ziel	
Arten	
Zweck	
Rechtsfolge	
Form	

Übung 3.2: Angebot und Anpreisung voneinander unterscheiden

Sie entdecken in einem Prospekt die unten abgebildete Anzeige. Wie ist die Rechtswirksamkeit dieser Anzeige? Kreuzen Sie eine richtige Antwort an.

1. Die Anzeige ist aus rechtlicher Sicht als Antrag zu verstehen, welche zum Abschluss eines Kaufvertrages führt. ☐
2. Die Anzeige gilt nur für die jeweiligen Zeitungsabonnenten. ☐
3. Die Anzeige ist eine Anpreisung und gilt rechtlich nicht als ein Angebot. ☐
4. Die Anzeige bindet den Verkäufer zwei Wochen an die Inhalte der Anzeige. ☐

© Westermann Gruppe

Übung 3.3: Die Lieferkosten der Primus GmbH ermitteln – Inhalte eines Angebots

Ermitteln Sie die Lieferkosten anhand der unten aufgeführten Informationen, welche sich für die Primus GmbH unter folgenden Bedingungen in dem Angebot ergeben.

1. Die Primus GmbH verkauft an Carl Wägli Bürobedarf frei Haus.
2. Die Primus GmbH verkauft an Carl Wägli Bürobedarf frei Waggon.
3. Die Primus GmbH verkauft an Carl Wägli Bürobedarf frachtfrei dort.
4. Die Primus GmbH verkauft Bürostühle an Carl Wägli Bürobedarf. Im Kaufvertrag gibt es sonst keine Angaben.

Lernsituation 4: Sie führen einen Angebotsvergleich mit Angeboten aus dem Inland durch

Am heutigen Morgen findet Nicole Höver die folgende Nachricht von der Abteilungsleiterin Einkauf, Frau Helga Konski, auf ihrem Schreibtisch.

> Mit der Bitte um
>
> | | | | |
> |---|---|---|---|
> | Kenntnisnahme | ☐ | Weiterleitung | ☐ |
> | Erledigung | ☐ | Rückgabe | ☐ |
> | Stellungnahme | ☐ | Verbleib | ☐ |
> | Rücksprache | ☐ | | |
>
> *Guten Morgen, Frau Höver!*
>
> *Die von Ihnen angeforderten Angebote bezüglich der Ansatztische „Natur" (FSC-zertifizierte Ware) zu dem Schreibtisch „Primo Natur" sind in den vergangenen Tagen eingetroffen. Da ich heute Vormittag in einer Abteilungsleiterbesprechung bin, bitte ich Sie, die beiliegenden Angebote durchzusehen und mir nach der Besprechung eine begründete Empfehlung zu geben, für welchen Lieferanten wir uns Ihrer Meinung nach entscheiden sollten.*
>
> *Mit freundlichem Gruß*
>
> *H. Konski*

Angebot 1

Angebot 2

© Westermann Gruppe

Angebot 3

Beschreibung und Analyse der Situation

- Welche vertraglichen Regelungen bezüglich der unten aufgeführten Inhalte wurden in den Angeboten festgelegt?
- Erläutern Sie, wie die gesetzliche Regelung ist, wenn in den Angeboten keine Regelungen bezüglich der aufgeführten Inhalte getroffen worden wären.
  (Hinweis: Nutzen Sie zur Lösung die unten aufgeführte Übersicht.)

Inhalt	Vertragliche Regelung	Gesetzliche Regelung
Lieferzeit	● Angebot 1: ● Angebot 2: ● Angebot 3:	
Zahlungsbedingungen	● Angebot 1: ● Angebot 2: ● Angebot 3:	

Inhalt	Vertragliche Regelung	Gesetzliche Regelung
Beförderungsbedingungen/ Transportkosten	• Angebot 1: • Angebot 2: • Angebot 3:	

Planen

Legen Sie sowohl **qualitative** als auch **quantitative Kriterien** fest, mit welchen die vorliegenden Angebote verglichen werden können, und übernehmen Sie diese in die folgende Tabelle. Halten Sie zudem ein Kriterium auf einer Karte fest.

Qualitatives Kriterium	Quantitatives Kriterium

Durchführen

Führen Sie für die vorliegenden Angebote einen **quantitativen Angebotsvergleich** durch und ermitteln Sie die drei Bezugspreise.

Entscheidungskriterium Bezugspreis	Lieferant 1: BüMö Jansen GmbH		Lieferant 2: TopTech GmbH		Lieferant 3: Bmöbel GmbH & Co. KG	
	%	Betrag in €	%	Betrag in €	%	Betrag in €
Listeneinkaufspreis						
– Lieferrabatt						
= Zieleinkaufspreis						
– Liefererskonto						
= Bareinkaufspreis						
+ Bezugskosten						
= Bezugs-/Einstandspreis						

Lernsituation 4

Bewerten

Neben den quantitativen Kriterien sind die qualitativen Kriterien von großer Relevanz. Frau Konski hat bereits die für Sie relevanten Entscheidungskriterien in der Entscheidungstabelle aufgeführt. Führen Sie einen Angebotsvergleich durch, indem Sie die Entscheidungskriterien hinsichtlich ihrer Wichtigkeit selbstständig gewichten. Bewerten Sie im Folgenden die jeweiligen Angebote nach dem unten angegebenen Punkteschema. (Hinweis: Beachten Sie bei dem Angebotsvergleich die unten aufgeführten Zusatzinformationen bezogen auf die drei Lieferanten und wählen Sie den Lieferanten mit der niedrigsten Gesamtsumme aus.)

Bewertung (Punkte für die Lieferanten):
1 = bester Lieferant
2 = zweitbester Lieferant
3 = schlechtester Lieferant

Zusatzinformationen zu den drei Lieferanten:

Auszug aus einem Zeitungsartikel aus „Die Möbelbranche", Januar 2020, S. 17

Mit der BüMö Jansen GmbH ist seit Anfang des Jahres ein neuer Produzent von Büromöbeln der Spitzenklasse auf den Markt gekommen. Die angebotenen Ansatztische waren bisher nach Kundenbefragungen qualitativ sehr gut (hochwertig) und immer einwandfrei.
Ferner bietet die BüMö Jansen GmbH ihren Kunden einen sehr guten Service an. So erhalten die Kunden beispielsweise eine ausgezeichnete Beratung und Betreuung. Auch auf Sonderwünsche geht die BüMö Jansen GmbH gerne ein.
Da es sich um ein relativ neu gegründetes Unternehmen mit wenigen Mitarbeitern handelt, verfügt das Unternehmen jedoch noch über geringe Kapazitäten. So berichten Kunden, dass Liefertermine leider öfters nicht eingehalten wurden. [...]

Telefonnotiz

Hallo Frau Höver!

Ich habe mit einem Kollegen telefoniert, welcher bereits in Geschäftsbeziehung zu der TopTech GmbH steht, und er hat mir folgende Informationen gegeben, welche wichtig für unseren Angebotsvergleich sein könnten:

Qualität: Das Holz ist teilweise nur von mittlerer Qualität, weil öfters Risse zu erkennen sind und Unebenheiten.

Lieferzuverlässigkeit: Gelegentlich nur Teillieferungen, Nachlieferungen kamen aber zum zugesagten Termin.

Service: Mittelmäßiger Service, freundliche, aber langsame Auftragsbearbeitung und -beratung.

Vielleicht können Sie diese Informationen verwerten.

Mit freundlichen Grüßen

Konski

© Westermann Gruppe

Lernsituation 4

Telefonnotiz

Hallo Frau Höver!

Ich habe mit einem Kollegen telefoniert, welcher bereits in Geschäftsbeziehung zu der Bmöbel GmbH & Co. KG steht, und er hat mir folgende Informationen gegeben, welche wichtig für unseren Angebotsvergleich sein könnten:

Qualität: Gute Qualität, Ware war nur einmal nicht einwandfrei.

Lieferzuverlässigkeit: Voll zufriedenstellend.

Service: Schlechter Service. Reklamationen werden nur sehr schleppend bearbeitet, unfreundliche Beratung, nicht sehr kulant.

Vielleicht können Sie diese Informationen verwerten.

Mit freundlichen Grüßen

Konski

Nutzwertanalyse							
		Entscheidungsalternativen					
Entscheidungskriterien	Gewichtungsfaktor (Punkte)	BüMö Jansen GmbH		TopTech GmbH		Bmöbel GmbH & Co. KG	
		Bewertung	Summe	Bewertung	Summe	Bewertung	Summe
Bezugs-/Einstandspreis							
Qualität							
Lieferzuverlässigkeit des Lieferanten							
Lieferzeit							
Zahlungszeitpunkt							
Service							
Summe							

Lernergebnisse sichern

Aufgrund der zunehmenden Konkurrenz entschließt sich die Geschäftsleitung dazu, ihr Unternehmen ISO-zertifizieren zu lassen. Aus diesem Anlass müssen alle Arbeitsschritte standardisiert und festgehalten werden. Frau Konski bittet Sie, die Handlungsschritte, welche bei einem Angebotsvergleich für nicht im

© Westermann Gruppe

Sortiment befindliche Waren entstehen, in dem unten aufgeführten Vordruck schrittweise aufzuschreiben.

ISO-Zertifizierung in der Primus GmbH
Verfahrensanweisungen
„Angebotsvergleich für nicht im Sortiment befindliche Waren"

1. Schritt: _____
2. Schritt: _____
3. Schritt: _____
4. Schritt: _____
5. Schritt: _____
6. Schritt: _____
7. Schritt: _____
8. Schritt: _____
9. Schritt: _____
10. Schritt: _____
...

Übung 4.1: Rechnerische Grundlagen der Preisplanung

Die Primus GmbH hat zusammen mit der Kröger & Bach KG, der Oberburg OHG und der Kleine & Co. KG, ebenfalls aus Duisburg, Waren aus den USA bezogen.
Dabei entstanden Transportkosten in Höhe von 5 500,00 €. Die Transportkosten sollen im Verhältnis von 2 : 1 : 1 : 1 auf die vier Unternehmen verteilt werden.
Führen Sie mithilfe der unten aufgeführten Tabelle die Verteilungsrechnung durch.

Unternehmen	Anteile (Verteilungsschlüssel)	Wert je Anteil in €	Verteilungsanteile in €
Primus GmbH			
Kröger & Bach KG			
Oberburg OHG			
Kleine & Co. KG			
	5 Teile	=	
	1 Teil	=	

© Westermann Gruppe

Übung 4.2: Die zusammengesetzte Bezugskalkulation

Die Primus GmbH bezieht mit einer Warensendung sowohl den Artikel 1 als auch den Artikel 2 zu folgenden Konditionen:

	Bruttogewicht	Tara	Gutgewicht	Preis für 100 kg (netto)
Artikel 1	35 000 kg	2 %	200 kg	50,00 €
Artikel 2	45 000 kg	3 %	400 kg	40,00 €

(Gutgewicht = Gewichtsabzug für Einwiege- und Umpackverluste beim Käufer)

Es fallen folgende Bezugskosten (netto) an:

- Fracht: 400,00 €, Rollgeld: 200,00 €,
- Transportversicherungsprämie: 480,00 €,
- Vertreterprovision: 3 000,00 €.

1. Errechnen Sie den Gesamtrechnungspreis für Artikel 1 und Artikel 2.

	Artikel 1	Artikel 2
Bruttogewicht		
– Tara		
Vorl. Nettogewicht		
– Gutgewicht		
Nettogewicht		
Gesamtrechnungspreis (netto)		

2. Verteilen Sie die **Gewichtsspesen** auf Artikel 1 und Artikel 2.

Summe der Gewichtsspesen = _____

	Verteilungsbasis	Verteilung	Anteilige Gewichtsspesen
Artikel 1			
Artikel 2			

Lernsituation 4 – Übungsaufgaben

3. Verteilen Sie die **Wertspesen** auf Artikel 1 und Artikel 2.

   Summe der Wertspesen = _____

	Verteilungsbasis	Verteilung	Anteilige Wertspesen
Artikel 1	_____ _____	_____ _____	_____ _____
Artikel 2	_____ _____	_____ _____	_____ _____

4. Errechnen Sie den **Bezugs-/Einstandspreis** für 1 kg von Artikel 1 und Artikel 2.

	Artikel 1	Artikel 2
Gesamtrechnungspreis	_____	_____
+ Gewichtsspesen	_____	_____
+ Wertspesen	_____	_____
Bezugs-/Einstandspreis (insgesamt)	_____	_____
Bezugs-/Einstandspreis pro kg	_____	_____

© Westermann Gruppe

Lernsituation 5: Sie führen eine Angebotsauswertung bei einem ausländischen Anbieter durch

Die Beschaffungsabteilung der Primus GmbH hat für vergleichbare Ansatztische „Natur" ein Angebot von einem ausländischen Exporteur vorliegen. Helga Konski, die Abteilungsleiterin Einkauf, bittet die Abteilung Bürotechnik/-einrichtung, das bisher beste inländische Angebot der TopTech GmbH mit dem jetzt neu vorliegenden ausländischen Angebot der Shi Yang Export Ltd. aus Hongkong zu vergleichen und ihr das beste Angebot mitzuteilen. Da der Gruppenleiter Bürotechnik/-einrichtung, Jörg Nolte, erkrankt ist, soll Nicole Höver die notwendigen Berechnungen zum Vergleich der beiden Angebote vornehmen. Sie ist zunächst erschrocken, als sie den Auftrag erhält, weil sie bisher noch nichts mit dem Thema „Außenhandel" zu tun hatte.

Beschreibung und Analyse der Situation

Beschreiben Sie eine mögliche Herangehensweise, wie Nicole Höver in der oben genannten Situation vorgehen kann.

_____
_____
_____
_____

Planen

1. Nennen Sie mögliche **Ursachen** dafür, weshalb die Primus GmbH **Außenhandelsgeschäfte** tätigen möchte.

Warum können Außenhandelsgeschäfte interessant sein?

Gründe für den Außenhandel

2. Nennen Sie **Risiken**, welche bei **Außenhandelsgeschäften** für die Primus GmbH entstehen können und **Absicherungsmöglichkeiten** für die Primus GmbH.

Warum können Außenhandelsgeschäfte risikoreich sein?

Risiken beim Außenhandel	Absicherungsmöglichkeiten

3. Die beiden Angebote aus dem In- und Ausland sollen miteinander vergleichbar gemacht werden, indem Sie zunächst einmal mit der Aufgabe betraut werden, die Bedingungen, die mit den ausländischen Lieferungs- und Zahlungsbedingungen aus dem Angebot der Shi Yang Export Ltd. verbunden sind, richtig zu deuten, sowie die Ermittlung des Bezugspreises vorzunehmen.

Übersicht Lieferungsbedingung
(Bearbeiten Sie die Aufgabe, indem Sie die unten aufgeführte Übersicht ausfüllen.)

Incoterm	Incoterm-Gruppe	Kostenübergang	Gefahrenübergang	Weitere Pflichten

© Westermann Gruppe

Durchführen

Ermittlung des Bezugs-/Einstandspreises

Ermitteln Sie den Bezugs-/Einstandspreis für den Import der Ansatztische aus Asien. Nutzen Sie zur Lösung dieses Arbeitsauftrages die unten aufgeführte Tabelle, die Informationen aus dem Angebot der Shi Yang Export Ltd., den Auszug aus der Kurstabelle der Sparkasse Duisburg sowie die Kosten des Warenbezugs.

(Hinweis: Die Ergebnisse sind auf zwei Stellen hinter dem Komma zu runden!)

Auszug Kurstabelle

Land	Intern. Kurzform	Geld	Brief
Hongkong	HKD	8,3675	8,5365

Kosten des Warenbezugs

- Kosten Ausfuhrabwicklung — 7 000,00 HKD
- Transportkosten bis Hongkong Hafen Längsseite Schiff — 10 000,00 HKD
- Seefracht von Hongkong Hafen nach HH Hafen — 20 000,00 HKD
- Kosten der Entladung im Hamburger Hafen — 1 000,00 EUR
- Einfuhrabwicklung in Deutschland — 2 000,00 EUR
- Transportkosten Lkw von Hamburg nach Duisburg — 500,00 EUR
- Kosten der Entladung im Warenlager Duisburg — 40,00 EUR
- Versicherung Hongkong bis Hamburg — 800,00 EUR
- Versicherung Transport Hamburg bis Duisburg — 60,00 EUR

Bitte berücksichtigen Sie die Versicherungskosten auf den jeweiligen Transportstrecken, für die die Primus GmbH die Gefahr zu tragen hat!

Gruß Konski

Nebenrechnung für Umrechnungen von Währungen

Angebot der Firma Shi Yang Export Ltd.	Relevante Beträge aus den Informationsmaterialien	Umgerechnete Beträge in Euro
Listenpreis	_____	_____
– Lieferrabatt	_____	_____
= Zieleinkaufspreis	_____	_____
– Lieferskonto	_____	_____
= Bareinkaufspreis	_____	_____
+ Bezugskosten		
_____	_____	_____
_____	_____	_____
_____	_____	_____
_____	_____	_____
_____	_____	_____
_____	_____	_____
_____	_____	_____
Summe Bezugskosten		_____
= Bezugs-/Einstandspreis		_____

Hinweis: Es handelt sich um realitätsnahe, aber fiktive Werte!

Visualisierung der Zahlungsbedingung

In dem Angebot der Shi Yang Export Ltd. wurde die **Zahlungsbedingung Documents against Payment (D/P)** vereinbart. Vervollständigen Sie dazu die unten aufgeführte Abbildung, welche die Zahlungsabwicklung zwischen der Primus GmbH und der Shi Yang Export Ltd. verdeutlicht, indem Sie die Schritte 1 bis 10 in der richtigen Reihenfolge in die Kreise eintragen. Halten Sie die einzelnen Schritte in chronologischer Abfolge schriftlich fest.

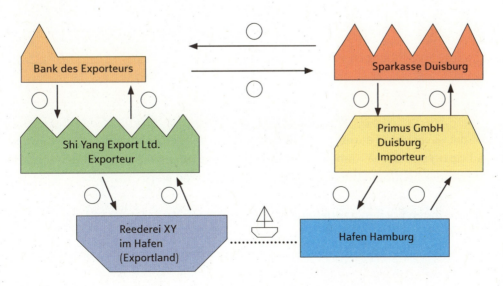

© Westermann Gruppe

Schritt	Chronologische Schritte des Zahlungsablaufs
1	
2	
3	
4	
5	
6	
7	
8	
9	
10	

Welchen **Vor-** und welchen **Nachteil** sehen Sie für die Primus GmbH bei der Zahlungsbedingung (D/P)?

Vorteil ⊕ :

Nachteil ⊖ :

Bewerten

Übernehmen Sie die Gewichtung aus der Lernsituation 4 und vergleichen Sie die beiden Angebote der Top-Tech GmbH aus Leipzig und der Shi Yang Export Ltd. aus Hongkong. Treffen Sie eine begründete Entscheidung, welche Sie bei der heutigen Abteilungssitzung präsentieren werden.

Zum Vergleich liegen Ihnen noch folgende Informationen der Shi Yang Export Ltd. vor:

(Hinweis: Wählen Sie entsprechend der Lernsituation 3 das Angebot mit der niedrigsten Gesamtsumme aus.)

© Westermann Gruppe

Auszug aus der Information

Von verschiedenen Geschäftspartnern ist uns bekannt, dass die Shi Yang Export Ltd. relativ minderwertige Qualität liefert. Jedoch verfügt sie über einen ausgezeichneten Service, weil die Kunden in allen Sprachen kompetent beraten werden. Bezüglich der Zuverlässigkeit ist uns berichtet worden, dass gelegentlich nur Teillieferungen erfolgten, die Nachlieferungen kamen aber zum zugesagten Termin.

Wir hoffen, Ihnen mit dieser Auskunft weitergeholfen zu haben.

Mit freundlichen Grüßen

Nutzwertanalyse					
		Entscheidungsalternativen			
Entscheidungskriterien	Gewichtungsfaktor (Punkte)	Shi Yang Export Ltd.		TopTech GmbH	
		Bewertung	Summe	Bewertung	Summe
Bezugs-/Einstandspreis					
Qualität					
Lieferzuverlässigkeit des Lieferanten					
Lieferzeit					
Zahlungszeitpunkt					
Service					
Summe					

Hinweis: Politische Risiken und weitere Risiken, welche aufgrund von Außenhandelsgeschäften entstehen können, werden bei dieser Gegenüberstellung zunächst einmal nicht in den Vordergrund gestellt, weil man sich gegen solche Risiken entsprechend absichern kann (siehe Unterpunkt „Beschreibung und Analyse der Situation").

Entscheidung: _____

Lernergebnisse sichern

Frau Konski ist von Ihrem Ergebnis begeistert. Aus diesem Grund bittet sie Sie in ihr Büro, da sie sich dafür interessiert, wie Sie mit dieser neuen Thematik umgegangen sind, und bittet Sie, einen kurzen Vortrag diesbezüglich zu halten. Dabei sollten Sie auf folgende Aspekte eingehen:

- Wie sind Sie bei der Lösung der Aufgabenstellung (des Problems) vorgegangen?

© Westermann Gruppe

- Was haben Sie bei der Bewältigung der Aufgabenstellung Neues gelernt?

- Was war für Sie bereits bekannt?

- Welche Fragen sind für Sie noch offen geblieben?

Lassen Sie sich nach Ihrem Vortrag ein Feedback geben.

Übung 5.1: Bestellungen rechtlich wirksam durchführen

1. Die Primus GmbH bestellt schriftlich aufgrund früherer Geschäftsbeziehungen und einer zufriedenstellenden Probesendung bei der MaxPap OHG 50 Kartons. Vier Tage später werden die 50 Kartons geliefert.

   Wann ist in diesem Fall der Kaufvertrag zwischen der Primus GmbH und der MaxPap OHG zustande gekommen? Kreuzen Sie die richtige Antwort an.

   a) Der Kaufvertrag ist mit der Lieferung der 50 Kartons zustande gekommen oder mit der Zusendung einer Auftragsbestätigung. ☐
   b) Der Kaufvertrag ist mit der Bestellung der Primus GmbH zustande gekommen. ☐
   c) Der Kaufvertrag ist mit der Bezahlung der Rechnung durch die Primus GmbH zustande gekommen. ☐
   d) Der Kaufvertrag ist mit dem Angebot der MaxPap OHG zustande gekommen. ☐
   e) Der Kaufvertrag ist mit der Annahme der 50 Kartons durch die Primus GmbH zustande gekommen. ☐

© Westermann Gruppe

2. Die Primus GmbH hat in dem oben aufgeführten Fall eine schriftliche Bestellung aufgegeben. Welche anderen Formen der Bestellung wären möglich gewesen?

_____
_____
_____
_____

3. In welchen Fällen wäre eine Auftragsbestätigung/Bestellungsannahme rechtlich erforderlich gewesen, damit ein Kaufvertrag wirksam zustande kommt?

Wenn, … _____

Wenn, … _____

Wenn, … _____

Wenn, … _____

4. Ist in den unten aufgeführten Fällen eine Auftragsbestätigung/Bestellungsannahme rechtlich erforderlich, damit ein Kaufvertrag wirksam zustande kommt?

Ordnen Sie eine 1 zu, wenn eine Bestellungsannahme erforderlich ist, oder eine 2 zu, wenn eine Bestellungsannahme nicht erforderlich ist.

a) Der Verkäufer schickt dem Käufer ein Angebot, woraufhin dieser bestellt. ☐

b) Ein Käufer bestellt einen Computertisch bei einem Versandhaus, welchen er in einem Katalog entdeckt hat. ☐

c) Die Primus GmbH erhält von einem Kunden eine Anfrage. Daraufhin übersendet die Primus GmbH ein Angebot, welches bis zum 01.10.20.. gültig ist. Der Kunde bestellt am 01.10.20.. schriftlich. Die Primus GmbH erhält die Bestellung am 02.10.20.. ☐

Übung 5.2: Wertzölle und Einfuhrumsatzsteuer ermitteln

Würde die Primus GmbH bei der Firma Shi Yang Export Ltd. aus Hongkong bestellen, würden der Primus GmbH für den Import Wertzölle und Einfuhrumsatzsteuer berechnet werden.

1. Wann wird grundsätzlich eine Einfuhrumsatzsteuer erhoben?
_____
_____
_____
_____
_____

2. Erläutern Sie, wie die Einfuhrumsatzsteuer berechnet wird.
_____
_____
_____

3. Erläutern Sie, wie der Wertzoll berechnet wird.
_____
_____
_____

Übung 5.3: Die ABC-Analyse durchführen

Führen Sie eine ABC-Analyse durch und stellen Sie den wertmäßigen Anteil der A-, B- und C-Güter dar.

Artikel	Jahresbedarf (Stück)	Bezugs-/Einstandspreis (Stück in €)
A	1 250	10,00
B	7 500	8,00
C	25 000	4,00
D	80 000	0,50
E	10 750	0,50
F	22 000	3,00

1. Führen Sie die ABC-Analyse mithilfe der unten aufgeführten Tabelle durch, wenn folgende Bedingungen gegeben sind. (Hinweis: Runden Sie die Ergebnisse auf zwei Stellen hinter dem Komma!)

A-Güter = 20 % und mehr
B-Güter = 10 % bis unter 20 %
C-Güter = bis unter 10 %

Artikel	Jahresbedarf (in €)	Prozentualer Anteil am Jahresbedarf	Gruppe
A			
B			
C			
D			
E			
F			
Summe			

2. Erläutern Sie die Bedeutung der ABC-Analyse in betriebswirtschaftlicher Hinsicht.
_____
_____
_____
_____
_____

© Westermann Gruppe

3. Legen Sie jeweils zwei mögliche Konsequenzen für den Umgang mit A-Gütern und C-Gütern fest.

Kategorie	Handlungsweisen/Konsequenzen
A-Güter	_____
	_____
	_____
	_____
C-Güter	_____
	_____

Übung 5.4: Englisch: Oh, would you please call our supplier?

1. Making phone calls with customers and suppliers is not always an easy thing to do – especially if your telephone partners don´t speak German at all. Do you have any ideas what your classmates have experienced so far while making phone calls at work?

   a) Use the questionnaire below to interview a partner of your choice. Write down the answers you get.

   b) Present your findings to the class in a short presentation. Invite questions after your presentation.

The amazing telephone life of _____

Interviewer: _____

Question 1: How many phone calls do you make at work every day?
 O quite a lot
 O only a few calls per day
 O no calls at all

Question 2: How do you like telephoning at work, and why?
 O It´s a nice change from the routine.
 O I think it´s a bit stressful.
 O I hate it! Leave me alone.

Can you tell me more about that? _____

Question 3: When you have to make a difficult phone call, do you make some notes about the phone call before dialling?
 O Yes, that´s quite helpful (+ why?).
 O No, that´s a waste of time (+ why?).

© Westermann Gruppe

Question 4: a) How often do you make business calls with people in other countries?

O nearly every day
O sometimes
O hardly ever

b) Where do these people come from and what are these phone calls about?

_____
_____
_____

Question 5: a) Did you get any training before you made the first calls for your company?

O Yes, of course.
O No, not at all.

b) If your answer was "yes" – what was the training like?
If it was "no", would you have liked to have had some training? Why?

_____
_____
_____

Question 6: If you could call the private mobile phone number of a VIP (a singer, a politician, a sportsman ...), who would you call and what would you ask or tell him or her?

_____
_____
_____

2. **London calling: International business on the phone**

*Monday morning in Europe: Rocky Williams is **dialling** a telephone number in London, and after a while a phone starts **ringing** in Duisburg.*

Switchboard operator: "Good morning, *Primus GmbH* in Duisburg, **how can I help you?**"
Rocky: "Good morning, honey, **could I speak to** Nicole Höver in the sales **department**, please?"
Switchboard operator: "Certainly, sir. **Hold the line**, please. **I will put you through** to her."
Rocky: "Thank you, dear."
Switchboard operator: *(Music)*

Nicole: "Sales."
Rocky: "Good morning, could I **speak to** Nicole, please?"
Nicole: "**Speaking.**"
Rocky: "Hello, Nicole, sugar! **This is** Rocky **from** *Rocky Williams Super Records* in London. We met last month in Paris, remember ... ?!"
Nicole: "Oh, sure ... hello, Rocky. How are you?"
Rocky: "Fine, sweetheart, thanks. And how are things in Duisburg?"
Nicole: "Fine. It´s Monday morning again, and I´ve just had a nice cup of coffee – so it´s not too bad actually. Well, and I am still a trainee with *Primus*, as you know."
Rocky: "Yeah, I remember that. How do you like being a trainee, Nicole?"

Nicole:	"Well, it depends. **At the moment** we are pretty busy. But anyway – what is it that I can do for you?"
Rocky:	"Yeah, honey, **I am calling about** … – well, I was told that Primus is planning to have a big kick-off party for their new range of office products next summer – you know, many guests and VIPs, good food, big cocktails free of charge, that sort of stuff. This is why I am calling – I was wondering whether you are looking for a singer to perform at that party …"
Nicole:	"You are right, Rocky. We are indeed still on the lookout. But I cannot help you very much with this matter. You should ask Mr Winkler, our marketing manager."
Rocky:	"**Is he in** today?"
Nicole:	"I´m sorry, he is **not available at the moment**. He is at an **important** sales meeting in Eberswalde."
Rocky:	"That´s a shame. Maybe I can **leave a message** for him?"
Nicole:	"Why don´t you **call him** directly? He has got his **mobile phone** with him."
Rocky:	"No, I don´t like mobiles too much – too stressful. But maybe you can give me his **extension number** in the office?"
Nicole:	"Oh, it´s a secret number, you know … **strictly confidential**. But for you, Rocky, love … – his extension is 0203 134 2967."
Rocky:	"All right. That´s great! So **I will call him** when he´s back from Eberswalde. You know, after all it´s not so very **urgent**. Thank you very much, Nicole!"
Nicole:	"**My pleasure**, Rocky. **Is there anything else I can do for you?**"
Rocky:	"You could come to London for the weekend, darling …"
Nicole:	"No, I prefer working in Duisburg. I´m a trainee, you know. I love working extra hours in my office. But anyway, thanks for the invitation!"
Rocky:	"**You are welcome.** Good bye, Nicole, love. I will never forget you! **Have a nice weekend!**"
Nicole:	"**The same to you**, and – **thank you for calling!** Bye! – And now, back to work again – hooray!"

Answer and/or discuss the following questions with a partner.

a) Who is the first person Rocky is talking to?

b) Where does he know Nicole from?

c) What is the reason for Rocky´s call?

d) Why does Rocky have no mobile phone? Do you understand his reasons?

e) Explain why Nicole does not want to go to London.

f) Nicole and Rocky make a little small talk at the beginning of the call. Would you say that this is a good idea in a business situation? Or is it just a waste of time?

© Westermann Gruppe

Übung 5.5: Englisch: Telephone power – the most important phrases

Read the telephone conversation in part 2 of exercise 5.4 again. Some parts of the text are printed in bold type [fettgedruckt] and in italics [kursiv]. Find the English expressions for …

Wie kann ich Ihnen helfen?	(1) _____ can I help you?
Hallo, hier spricht … von (Firma)!	Hello, **this is** Nina (speaking). / Or: …this is Nina **from** Nokia.
Könnte ich bitte mit (xy) sprechen?	Could I please speak (2)_____ Mr/ Mrs …?
Am Apparat!	(3) _____
Ich werde Sie durchstellen (2x)	I will (4) _____ you through/I will connect you.
Bleiben Sie bitte am Apparat.	Please hold (5) _____
Ich rufe an wegen …	I am (6) _____ about …
Ich würde gerne wissen, ob …	I would like to (7) _____ if …
Ist Rocky „da" (= im Büro)?	Is Rocky (8) _____?
Abteilung	(9) _____
Sie ist *im* Moment *nicht verfügbar (erreichbar)*.	She is not (10) _____ the moment.
Es tut mir leid, sein Anschluss ist besetzt! (2x)	I'm sorry, his line is (11) _____ / _____.
Oh, es ist sehr wichtig!	Oh, it´s very (12) _____.
Kann ich eine Nachricht hinterlassen?	Can I leave a (13) _____?
Möchten Sie eine Nachricht hinterlassen?	Would you (14) _____ to leave a message?
Ist es dringend?	Is it (15) _____?
Könnten Sie mir seine/ihre Durchwahl sagen?	Could you tell me his/her (16) _____?
streng vertrauliche Informationen	(17) _____ information _____
Kann sie Sie zurückrufen?	Can she (18) _____ you back?
Gern geschehen! (2x) (als Antwort auf „Vielen Dank!")	(19) _____
Gibt es noch irgendetwas, das ich für Sie tun kann?	Is there (20) _____ else I can do for you?
Ein schönes Wochenende für Sie!	(21) _____ a nice weekend!
Danke, für Sie auch!	Thank you, (22) _____ to you.
Danke für den Anruf!	Thank you for (23) _____.

Some bonus tracks for dedicated phone users

eine (Telefon-)Nummer wählen	to (24) _____ a number
Oh, das Telefon klingelt!	Oh, the phone (25) _____.
Ich *werde* meinen Schatz morgen anrufen.	I (26) _____ call my sweetheart tomorrow.
Sie *will* anrufen.	She (27) _____ to call him.
Sie will nicht anrufen.	She (28) _____ to call.
Mobiltelefon (2x)	(29) _____
Telefonzentrale (im Betrieb)	(30) _____

© Westermann Gruppe

Übung 5.6: Englisch: Exchanging information: Please tell me your item number

1. How do you say it?

" – "   is a _____ (Gedankenstrich) or a _____ (Bindestrich)

" / "   is a _____ ,

"033"   "0" is "oh" or "zero", "33" is "double three"

"A43345" is "A-4-3-3-4-5". – If you say the single digits (A-4-3-3-4-5), you can avoid misunderstandings.

If you say "b as in butter", "e as in elephant", etc., you make things very clear!

Take turns with a partner and read these item numbers aloud. Correct your partner, if necessary.

a) 42B/1-42E/999   b) 007298848   c) 572/A-927
d) JM-R4302L   e) 56/H-SV-FCB-8-1 f) 152-55650MM
g) A-3B-55/4-00   h) R-99-22/0   i) 4/22v-5xy99

2. Email addresses: Let´s keep in touch

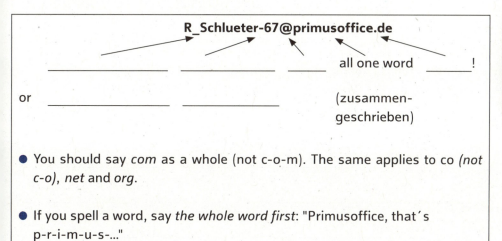

R_Schlueter-67@primusoffice.de

_____ _____ _____ all one word _____ !

or _____ _____   (zusammengeschrieben)

- You should say *com* as a whole (not c-o-m). The same applies to *co* (not c-o), *net* and *org*.

- If you spell a word, say the whole word first: "Primusoffice, that´s p-r-i-m-u-s-..."

Now practice saying these email addresses aloud with a partner:

a) j.polgar@freemail71.hu   b) captain_schlueter@vegesack-online.de
c) info6-308@bogatzky.co.uk   d) user-info@techno_shop95.com
e) Your own private email address and your email address at work

3. "By" or "until" tomorrow? – "Say" or "tell" you something?

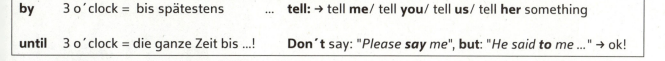

| by | 3 o´clock = bis spätestens | ... | **tell**: → tell **me**/ tell **you**/ tell **us**/ tell **her** something |
| until | 3 o´clock = die ganze Zeit bis ...! | | **Don´t** say: "Please **say** me", but: "He said **to** me ..." → ok! |

© Westermann Gruppe

Please (a) _____ (tell/say?) your manager that the goods need to be delivered to Bremen.

You should send us the consignment (b) _____ (by/until?) next Friday *at the very latest*.

I will stay in this strange hotel (c) _____ (by/until?) Saturday at 12 – but no minute longer.

Let me (d) _____ (say/tell?) you this – the enquiry has to be finished (e) _____ (by/until?) 8 o´clock!

I will wait (f) _____ (by/until?) the boss has (g) _____ (told/said?) me when I can have a day off.

Übung 5.7: Englisch: Leaving a message

You want to call a business partner at *Primus GmbH* in Duisburg. In case he or she is not in the office right now, write down your message before you call – just to make sure you will not forget any important details.

Your name and company?				
Your phone number?				
	country code (Ländercode)	area code (Vorwahl)	number (Nummer)	extension (Durchwahl)
Who is your message for?	Mr/Mrs/Ms			
Department?				
What´s your message?				

Act out this conversation with a partner. (As "the caller", use the information you have just written down.)

© Westermann Gruppe

Lernsituation 5 – Übungsaufgaben

Primus GmbH

"Hello, Primus GmbH in Duisburg ..."
Melden Sie sich mit Ihrem Namen und fragen Sie, wie Sie helfen können.

_____
_____
_____

Bitten Sie den Anrufer zu warten. Sagen Sie, dass Sie ihn durchstellen werden.

_____
_____

Sprechen Sie den Anrufer mit Namen an. Sagen Sie, dass Herr/Frau ... im Moment leider nicht erreichbar ist. Er/Sie ist gerade nicht im Büro.

_____
_____
_____

Fragen Sie, ob der Anrufer eine Nachricht hinterlassen möchte. (Hinweis: Notieren Sie sich dann im nächsten Kasten alle Informationen, die Sie hören!)

_____
_____

Wiederholen Sie *("let me repeat")* alle Informationen noch einmal zur Sicherheit *("just to make sure")*

_____
_____
_____
_____
_____

© Westermann Gruppe

The caller

Melden Sie sich mit Name und Firma. Sagen Sie, mit wem Sie sprechen möchten (Name und Abteilung).

_____
_____
_____

Bedanken Sie sich. (Und dann – warten Sie gespannt.)

_____
_____

Drücken Sie aus, dass das sehr schade ist. Sagen Sie, dass es wirklich <u>sehr</u> wichtig ist, dass Sie sich sprechen.

_____
_____
_____

Bejahen Sie. Teilen Sie Ihre Nachricht mit und **auch** Ihren Namen und Ihre Telefonnummer.

_____
_____
_____
_____
_____
_____
_____
_____
_____

Lernsituation 5 – Übungsaufgaben

_____
_____
_____

Sagen Sie „*Danke, Herr/Frau ...*" (Namen nennen!).
_____

Gern geschehen! (= *"you are w..."*). Sagen Sie, dass Sie Herrn Schlüter die Nachricht so schnell wie möglich geben werden.
_____
_____
_____

Sagen Sie, dass das großartig ist. – Sagen Sie, dass es eine Freude war, mit dem anderen zu sprechen, wünschen Sie ein schönes Wochenende und verabschieden Sie sich.
_____
_____
_____

Gleichfalls! Bedanken Sie sich für den Anruf und verabschieden Sie sich.
_____
_____

© Westermann Gruppe

Prüfungsorientierte Aufgaben

Kaufmann/Kauffrau für Groß- und Außenhandelsmanagement

1. Aufgabe
Momentan sind Sie der Einkaufsabteilung der Primus GmbH zugeordnet. Am heutigen Morgen sollen Sie den Einkaufspreis des Artikels „HP-Laser-Jet 5 P Laserdrucker", der von der Computec GmbH & Co. KG, Hard- und Softwarevertrieb, geliefert wurde, überprüfen. Zur Überprüfung suchen Sie die Rechnung zunächst im alphabetischen Register nach dem Lieferanten, danach den abgelegten Beleg nach dem Rechnungsdatum. Kreuzen Sie an, mit welcher Registraturform Sie arbeiten.

1. Stehsammler mit numerischer Ordnung ☐
2. mnemotechnisches Ordnungssystem ☐
3. alphanumerisches Ordnungssystem ☐
4. alphabetische Ordnerregistratur mit chronologischer Ordnung ☐

2. Aufgabe
Die korrekte Datenerfassung ist bei der Nutzung eines Warenwirtschaftssystems von großer Relevanz. Kreuzen Sie an, in welchem Fall es sich um die Erfassung von Daten handelt.

1. Daten werden vom Bildschirm abgelesen. ☐
2. Daten werden in der Zentraleinheit verarbeitet. ☐
3. Daten, welche auf der Festplatte gespeichert sind, werden verwendet. ☐
4. Daten, welche auf einer USB-Stick gespeichert sind, werden verwendet. ☐
5. Daten werden auf maschinengerechte Datenträger übertragen. ☐

3. Aufgabe
Welche der unten aufgeführten Aussagen zum Thema Sortiment ist falsch? Kreuzen Sie die zutreffende Aussage an.

Aussage 1: Wenn die Primus GmbH eine weitere Warengruppe aufnimmt, dann verändert sich automatisch auch der Sortimentsumfang. ☐
Aussage 2: Die Sortimentsbreite wird durch die Anzahl der Warengruppen bestimmt. ☐
Aussage 3: Die Primus GmbH möchte ihr Angebot an Kopierpapier erweitern. Dadurch wird das Sortiment breiter. ☐

4. Aufgabe
Die Primus GmbH möchte eine Sortimentserweiterung durchführen und den Kunden verschiedene Sorten von Kopierpapier anbieten. Wie wird diese Sortimentserweiterung genannt? Kreuzen Sie die richtige Antwort an.

a) Durch die Aufnahme weiterer Sorten von Kopierpapier wird das Sortiment schmaler. ☐
b) Durch die Aufnahme weiterer Sorten von Kopierpapier wird das Sortiment breiter. ☐
c) Durch die Aufnahme weiterer Sorten von Kopierpapier wird das Sortiment tiefer. ☐
d) Durch die Aufnahme weiterer Sorten von Kopierpapier wird das Sortiment flacher. ☐
e) Durch die Aufnahme weiterer Sorten von Kopierpapier verändert sich das Sortiment nicht. ☐

© Westermann Gruppe

5. Aufgabe
In der Lagerdatei sind für den Artikel „Primus Ordner A4" folgende Warenzugänge vermerkt worden:
- am 10. Oktober 300 Stück zu 2,00 € je Stück,
- am 17. November 400 Stück zu 2,10 € je Stück,
- am 10. Dezember 200 Stück zu 2,50 € je Stück.

Ermitteln Sie den Durchschnittspreis pro Stück.

6. Aufgabe
Die Primus GmbH erhält eine Warensendung von der Bürodesign GmbH in Köln. Die Warensendung besteht aus drei unterschiedlichen Papiersorten. Die Sorte 1 wiegt 35,7 kg, die Sorte 2 wiegt 32,4 kg und die Sorte 3 wiegt 13,5 kg. Für die Fracht sind 105,50 € zu bezahlen.

Ermitteln Sie die anteiligen Frachtkosten für die Sorte 3.

7. Aufgabe
Die unten aufgeführte Grafik verdeutlicht die Veränderung des Lagerbestandes für den Artikel „Schreibtisch Classic" in der Primus GmbH.

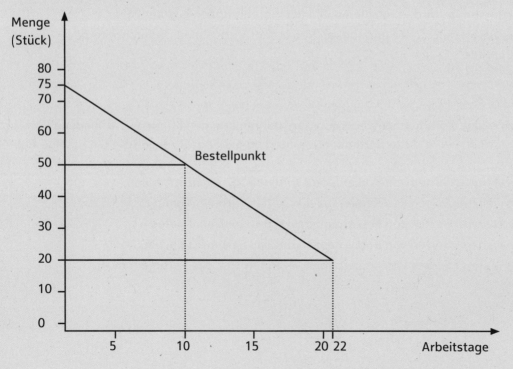

7.1 Wie viele Beschaffungstage müssen für den Schreibtisch „Classic" eingeplant werden?

_____

_____

7.2 Bei der Beschaffung der Schreibtische „Natur" konnten in den vergangenen Wochen mehrfach Lieferschwierigkeiten festgestellt werden. Welche Größe muss die Primus GmbH in Zukunft verändern, um solche Engpässe zu vermeiden?

    1. Mindestbestand ☐

    2. optimale Bestellmenge ☐

    3. Höchstbestand ☐

    4. Meldebestand und Bestellmenge ☐

    5. Höchstbestand und Meldebestand ☐

7.3 Errechnen Sie den erforderlichen Tagesabsatz an Schreibtischen.

8. Aufgabe

Helfen Sie Nicole Höver, indem Sie die Tätigkeiten des Beschaffungsprozesses in die richtige Reihenfolge bringen. Tragen Sie in die Kästchen die Ziffern 1–6 entsprechend den vorzunehmenden Schritten der Reihenfolge ein.

- Die eingehenden Angebote müssen verglichen werden. ☐
- Der Bedarf wird ermittelt. ☐
- Anfragen werden an mögliche Lieferanten versendet. ☐
- Sie führen einen Angebotsvergleich durch. ☐
- Die Liefertermine müssen überwacht werden. ☐
- Eine Bestellung wird vorgenommen. ☐

9. Aufgabe

Die Primus GmbH erhält eine Warensendung, in welcher sich drei unterschiedliche Artikel befinden: 200 Stück Primus Bleistifte, 100 Tintenroller Ball-Primus und 300 Notizblöcke Primus. Die Versandkosten betragen insgesamt 20,00 €. Berechnen Sie den Versandkostenanteil für den Artikel „Primus Bleistifte".

10. Aufgabe

Ermitteln Sie den Meldebestand in Stück für den Artikel „Primus Bleistift". Dazu werden Ihnen die folgenden Daten aus dem Warenwirtschaftssystem zur Verfügung gestellt:
- Lieferzeit vom Hersteller: 5 Tage
- Mindestbestand: 30 Stück
- täglicher Verbrauch: 5 Stück

11. Aufgabe

Sie werden beauftragt, unter Beachtung der Lagerhaltungskosten und der Beschaffungskosten die kostengünstigste Beschaffungsmenge des Artikels „Registraturlocher" (durchschnittlicher Jahresverbrauch liegt bei 100 Stück) zu ermitteln. Nutzen Sie dafür die Tabelle, welche Ihnen das Warenwirtschaftssystem zur Verfügung stellt.

Bestellmenge	Anzahl Bestellungen	Beschaffungskosten in €	Lagerhaltungskosten in €
10 Stück	10	80,00	10,00
20 Stück	5	40,00	20,00
50 Stück	2	30,00	50,00
100 Stück	1	20,00	100,00

Die optimale Bestellmenge liegt bei _____ Stück.

12. Aufgabe

Nachdem Angebote für den Registraturlocher eingeholt worden sind, wird ein Angebotsvergleich durchgeführt. Hierfür werden quantitative und qualitative Kriterien herangezogen. Kreuzen Sie an, welches der unten aufgeführten Kriterien nicht zu den qualitativen Kriterien gehört.

- gute Geschäftsbeziehung ☐
- Qualität der Ware ☐
- nachhaltige Produktionsbedingungen ☐
- Serviceleistungen des Lieferanten ☐
- Rabatte ☐
- Reklamationsverhalten des Lieferanten ☐

© Westermann Gruppe

LERNFELD 4

Werteströme erfassen und dokumentieren

Lernsituation 1: Sie beschreiben die Aufgaben und Aufgabenbereiche des betrieblichen Rechnungswesens im Großhandelsbetrieb

Nach den ersten sechs Monaten ihrer Ausbildung zur Kauffrau für Groß- und Außenhandelsmanagement in der Primus GmbH wechselt Nicole Höver vom Absatz- ins Rechnungswesen. Herr Winkler, der Leiter der Abteilung Verkauf/Marketing, begleitet sie zu Herrn Schubert, dem Gruppenleiter des Rechnungswesens: *„Guten Tag, Herr Schubert, ich bringe Ihnen eine Hilfe für die nächsten Monate."* – *„Danke, mir wurde Frau Höver schon durch den Ausbildungsplan der Personalabteilung angekündigt. Ich will sie sofort mit ihren neuen Kolleginnen und Kollegen bekannt machen, nämlich mit unserer Finanzbuchhalterin, Frau Lapp, und unserer Lohnbuchhalterin, Frau Hahn."*

Im Büro nebenan arbeiten Frau Braun, zuständig für die Statistik, und Herr Zimmer, der Leiter der Kosten- und Leistungsrechnung und des Controllings. Während des Rundgangs durch die Abteilung erzählt Herr Schubert von seiner Arbeit. Er habe das Gefühl, das Nachrichtenzentrum für die Unternehmensleitung und die betrieblichen Abteilungen zu sein. Noch heute wollte Herr Hack, der Gruppenleiter Bürotechnik, die Umsatzentwicklung des Laserdruckers HP Laser-Jet 5 P erfahren, der seit sechs Monaten verkauft wird. Anlässlich eines Auftrages der Computerfachhandlung Martina van den Bosch, Venlo, über 40 000,00 € will Herr Winkler wissen, ob die Kundin die bisherigen Lieferungen bezahlt hat. Außerdem will die Geschäftsleitung regelmäßig einen Kurzbericht über die Entwicklung des Gewinns oder Verlustes und der liquiden Mittel erhalten. Herr Schubert stellt abschließend fest: *„Wir sind im Rechnungswesen eine Art Datenbank für die Unternehmungs- und Abteilungsleiter."*

Beschreibung und Analyse der Situation

Beschreiben Sie die Aufgabe des Rechnungswesens mit der „Kopfstandmethode", indem Sie den Satz vervollständigen: *„Wenn die Primus GmbH das Rechnungswesen abschafft, dann …*

- verlieren die Verantwortlichen die Übersicht über die Geschäftsentwicklung."

Lernsituation 1

Planen und durchführen

Das Rechnungswesen der Primus GmbH wird von Herrn Schubert als „eine Art Datenbank" bezeichnet. Klären Sie in Partnerarbeit mithilfe Ihres Schulbuches die Aufgabenbereiche des Rechnungswesens. Erfassen Sie diese in der unten abgebildeten Tabelle. Erklären Sie sich anschließend abwechselnd die jeweiligen Aufgabenbereiche des Rechnungswesens. Tun Sie dies in freien Worten, ohne in Ihre Unterlagen zu schauen.

Aufgabenbereiche des Rechnungswesens			
Finanzbuchhaltung	Kostenrechnung	Statistik	Planung

Erläutern Sie in Partnerarbeit, warum das Rechnungswesen der Primus GmbH auch als „Informations-, Kontroll- und Steuerungssystem" bezeichnet wird.

___

Bewerten und reflektieren

Setzen Sie sich mit einem anderen Schülerpaar zusammen und vergleichen Sie über Kreuz Ihre bisherigen Ergebnisse. (Bilden Sie dazu zwei neue Paare.)

Vertiefen und Lernergebnisse sichern

Listen Sie betriebswirtschaftliche Fragestellungen auf, die durch das Rechnungswesen für die Primus GmbH beantwortet werden können.

© Westermann Gruppe

Übung 1.1: Das Rechnungswesen als Informations-, Kontroll- und Steuerungssystem

Durch zahlreiche Geschäftsfälle verändern Güter- und Geldströme ständig die Höhe der Vermögensteile in der Primus GmbH.

Das Rechnungswesen ist ein wichtiges **Informations-, Kontroll- und Steuerungssystem** für die Primus GmbH. Vervollständigen Sie die Tabelle, indem Sie in der ersten Spalte Informationen aufführen, welche die Unternehmensleitung aus dem Rechnungswesen erhält, um in den folgenden Spalten Möglichkeiten der Kontrolle und Steuerung zu benennen.

Information	Möglichkeiten der Kontrolle	Möglichkeiten der Steuerung
Gewinnentwicklung	• Verläuft die Gewinnentwicklung wie geplant und gewünscht? • Wie hoch ist der erzielte Gewinn?	• Reduzierung der Ausgaben/ Aufwendungen • Investitionen planen und durchführen
Verkaufszahlen/ Umsatzentwicklung		
Höhe des Bankguthabens		
Überwachung der Zahlungseingänge		

Fortsetzung auf Seite 162

Fortsetzung von Seite 161

Information	Möglichkeiten der Kontrolle	Möglichkeiten der Steuerung
Ausgaben für Materialeinkäufe		
Art und Höhe der Schulden		

Übung 1.2: Soll-Ist-Vergleiche im Rechnungswesen

Eine wichtige Funktion des Rechnungswesens ist die Kontrolle. Dies geschieht unter anderem durch Soll-Ist-Vergleiche. Benennen Sie für die folgenden Beispiele mögliche Ursachen für die Differenz zwischen den Soll- und Ist-Werten.

Soll	Ist	Mögliche Ursachen
Im Outletstore der Primus GmbH ergibt sich nach dem Abschluss der Tageskasse ein Kassensollbestand von 3 425,00 €.	Tatsächlich befinden sich jedoch nur 3 405,00 € in der Kasse.	
Angestrebt wurde ein Jahresumsatz von 390 000,00 €.	Erreicht wurde ein Umsatz von 345 000,00 €.	
Die Primus GmbH hat lt. ihrem Warenwirtschaftssystem einen Lagerbestand von 25 Rollcontainern des Typs Primo.	Durch das Nachzählen im Rahmen der Inventur ergibt sich ein tatsächlicher Lagerbestand von nur 22 Stück.	
Angestrebt wurde ein Jahresgewinn von 65 000,00 €.	Erreicht wurde ein Jahresgewinn von 85 000,00 €.	

© Westermann Gruppe

Soll	Ist	Mögliche Ursachen
Der Schreibtisch Classic sollte lt. Bestandsliste der Primus GmbH 46-mal im Lager sein.	Bei der Inventur wurden jedoch 49 Schreibtische Classic gezählt.	_____ _____ _____ _____ _____

Übung 1.3: Ein Inventar erstellen

Im Unternehmen „Büromöbel Manfred Weckert e. K." wurde zum Abschlussstichtag 31.12.20.. die Inventur durchgeführt. Nun liegen die folgenden ungeordneten Informationen vor:

		Beträge in €
UV	Kassenbestand lt. Kassenbuch (Anl. 8)	7 152,00
	Maschinen lt. Maschinenkarten (Anl. 1)	421 488,00
	Werkstoffe lt. Aufnahmelisten (Anl. 3)	680 570,00
	Hypothekenschuld: Sparkasse Aachen lt. Kontoauszug (Anl. 11)	764 700,00
	Unfertige Erzeugnisse lt. Aufnahmelisten (Anl. 4)	521 000,00
	Forderungen aus Lieferungen und Leistungen lt. Rechnungsdurchschriften (Anl. 7): • Exakta Büromöbel GmbH, Schlossstr. 15, 53757 St. Augustin • Karl Müller, Möbelhandel, Meterstr. 68, 52066 Aachen • Rellek Bürohandels GmbH, Königbauerstr. 123, 52333 Düren	974 400,00 266 560,00 914 625,00
	Darlehensschuld: Holzkönig GmbH, Lange Str. 1, 53111 Bonn lt. Vertragskopie (Anl. 12)	1 278 000,00
	Bankguthaben: • Raiffeisenbank Aachen lt. Kontoauszug (Anl. 9) • Sparkasse Aachen lt. Kontoauszug (Anl. 10)	134 156,00 24 876,00
	Verbindlichkeiten aus Lieferungen und Leistungen lt. Rechnungen (Anl. 14): • Holzkönig GmbH, Lange Str. 1, 53111 Bonn • Müller & Söhne, Bürohandel, Grundstraße 17, 52525 Heinsberg	425 600,00 163 520,00
	Bankschulden: Sparkasse Aachen lt. Kontoauszug (Anl. 13)	463 289,00
	Grundstück Industriestraße 130, mit Fabrikgebäude	847 820,00
	Betriebs- und Geschäftsausstattung lt. Inventur-Erläuterungsbogen (Anl. 2)	237 214,00
	Handelswaren lt. Aufnahmelisten (Anl. 6)	12 400,00
	Fertige Erzeugnisse lt. Aufnahmelisten (Anl. 5)	980 000,00

a) Sortieren Sie in einem ersten Schritt die vorliegende Liste. Kennzeichnen Sie dazu in der ersten Spalte
   • Vermögensgegenstände des Anlagevermögens mit **AV**,
   • Vermögensgegenstände des Umlaufvermögens mit **UV**,
   • langfristige Schulden mit **LS** und
   • kurzfristige Schulden mit **KS**.

b) Informieren Sie sich anschließend in Ihrem Schulbuch oder im Internet über die Gliederung eines Inventars. Stellen Sie auf der Grundlage vorstehender Angaben und unter Beachtung der Grundsätze ordnungsmäßiger Buchführung das Inventar auf.

© Westermann Gruppe

Lernsituation 1 – Übungsaufgaben

Inventar Büromöbel Manfred Weckert e. K. zum 31. Dezember 20..		
Art, Menge, Einzelwert	€	€
A. Vermögen		
I. Anlagevermögen		
Summe des Vermögens		
Summe der Schulden		

Übung 1.4: Inventare vergleichen und auswerten

Um das aktuelle Inventar mit dem des vergangenen Jahres besser vergleichen zu können, hat der Büromöbelproduzent Manfred Weckert e. K. diese mit einem Tabellenkalkulationsprogramm zusammengefasst.

		C	D	E	F	G
	A	B		Vorjahr	Berichtsjahr	Abweichungen zum Vorjahr	
1	INVENTARVERGLEICH					
2	Art		€	€	€	%
3		1. Gebäude, Ring 18 – 20	871 820,00	847 820,00		
4		2. Grundstück unbebaut	58 749,00	0,00		
5		3. Maschinen	376 329,00	421 488,00		
6		4. Betriebs- und Geschäftsaustattung	296 518,00	237 214,00		
7		**Summe Anlagevermögen**				
8		5. Roh-, Hilfs- und Betriebsstoffe	733 260,00	680 570,00		
9		6. Unfertige Erzeugnisse	543 155,00	521 000,00		
10		7. Fertige Erzeugnisse	1 050 839,00	980 000,00		
11		8. Handelswaren	5 542,00	12 400,00		
12		9. Forderungen a. LL.	1 591 777,00	2 155 585,00		
13		10. Bankguthaben	4 435,00	7 152,00		
14		11. Kassenbestand	9 976,00	159 032,00		
15		**Summe Umlaufvermögen**				
16		**Gesamtvermögen**				
17		1. Hypothek	780 742,00	764 700,00		
18		2. Darlehen	264 000,00	1 278 000,00		
19		3. Bankschulden	1 223 208,00	463 289,00		
20		4. Verbindlichkeiten a. LL.	875 145,00	589 120,00		
21		**Gesamtschulden**				
22						
23	**Errechnung des Eigenkapitals**					
24		Gesamtvermögen				
25	–	Gesamtschulden				
26		**Eigenkapital = Reinvermögen**				

1. Berechnen Sie, wenn möglich, mit einem Tabellenkalkulationsprogramm die fehlenden Werte.

2. Geben Sie die Formeln für die unterlegten Felder an.

F3	_____	D16	_____
G3	_____	E24	_____
E7	_____	F26	_____

3. Vergleichen Sie die Inventare der beiden Jahre miteinander und stellen Sie in einem kurzen Bericht dar, welche Maßnahmen das Unternehmen im Berichtsjahr durchgeführt hat, um die Situation im Vergleich zum Vorjahr zu ändern.

4. Welche Ursachen könnten die Veränderung des Reinvermögens herbeigeführt haben?

Lernsituation 2: Sie leiten eine Bilanz aus dem Inventar ab und werten diese aus

Nicole Höver, Auszubildende der Primus GmbH, ist seit einer Woche in der Abteilung Rechnungswesen, als sie ein Gespräch zwischen Herrn Müller und Frau Primus mithört.

Herr Müller: „Thomas Weil e.K. – Sie wissen schon, Frau Primus, der Großhändler für Kleinmöbel neben unserem Unternehmen – will aus Altersgründen zum 31.12. seinen Betrieb aufgeben. Er hat uns ein Angebot gemacht."

Frau Primus: „Wir suchen doch seit Langem nach Möglichkeiten der Erweiterung unserer Fertigungs- und Lagerhalle, das wäre doch ideal!"

Herr Müller: „Aber der Kaufpreis entspricht nicht ganz unseren Vorstellungen."

Frau Primus: „Und da sind doch sicher noch eine ganze Menge an Waren, die wir übernehmen müssten. Bitten Sie doch Herrn Weil, eine Inventur durchzuführen, um uns ein aktuelles Inventar aufzustellen, damit wir nicht die Katze im Sack kaufen."

Herr Müller: „Ja, das sollten wir tun, ich werde umgehend mit Herrn Weil Kontakt aufnehmen und ihm anbieten, zur Unterstützung unsere Auszubildenden rüberzuschicken."

Schon am 15. Januar kann Frau Lapp im Beisein von Nicole Höver Herrn Müller das gewünschte Inventar überreichen. Es umfasst 84 Seiten. Nach kurzem Blättern im Inventar sagt Herr Müller: *„Gute Arbeit! Und für den Kreditantrag bei der Sparkasse Duisburg brauche ich die Bilanz. Bitte bringen Sie sie mir bis übermorgen 10:00 Uhr ins Büro."* – „Noch einmal die ganze Arbeit?", denkt Nicole Höver.

Inventar der Kleinmöbelfabrik Thomas Weil e. K. zum 31. Dezember 20..		
Art, Menge, Einzelwert	€	€
A. Vermögen		
I. Anlagevermögen		
1. Bebautes Grundstück, Eupener Landstr. 10		125 000,00
2. Gebäude Koloniestraße 10		240 000,00
3. Maschinen		112 000,00
4. Betriebs- und Geschäftsausstattung		70 500,00
5. Fuhrpark		5 000,00
II. Umlaufvermögen		
1. Roh-, Hilfs- und Betriebsstoffe lt. Anlagen		
1.1. Rohstoffe	43 000,00	
1.2. Hilfsstoffe	23 500,00	
1.3. Betriebsstoffe	9 800,00	
2. Unfertige Erzeugnisse lt. Anlagen		45 300,00
3. Fertige Erzeugnisse lt. Anlage		41 000,00
4. Forderungen aus Lieferungen und Leistungen		
4.1. Stadtverwaltung Duisburg	12 500,00	
4.2. Klöckner Müller Elektronik, Düsseldorf	6 200,00	
4.3. Kruse GmbH, Hagen	2 500,00	
5. Bankguthaben bei Deutsche Bank Duisburg lt. Kontoauszug		5 100,00
6. Kassenbestand		200,00
Summe des Vermögens		
B. Schulden		
I. Langfristige Schulden		
Hypothek der Sparkasse Duisburg lt. Kontoauszug und Darlehensvertrag		60 000,00
II. Kurzfristige Schulden		
1. Verbindlichkeiten aus Lieferungen und Leistungen		
1.1. Holzig GmbH, Detmold	158 500,00	
1.2. Flamingowerke, Lüdenscheid	115 200,00	273 700,00
Summe der Schulden		
C. Errechnung des Reinvermögens (Eigenkapital)		
Summe des Vermögens		
– Summe der Schulden		
Reinvermögen (Eigenkapital)		

Beschreibung und Analyse der Situation

Ergänzen Sie zunächst die fehlenden Zahlen im vorliegenden Inventar. Begründen Sie anschließend das Interesse von Herrn Müller an der Bilanz der Kleinmöbelfabrik Thomas Weil e. K.

Lernsituation 2

Planen, entscheiden und durchführen

Arbeiten Sie mit Ihrer Sitznachbarin bzw. Ihrem Sitznachbarn zusammen. Informieren Sie sich über den Aufbau und die Struktur der Bilanz, bei Bedarf auch mithilfe Ihres Lehrbuches oder im Internet. Stellen Sie auf Grundlage des Inventars eine ordnungsgemäße Bilanz zum 31. Dezember 20.. auf.

Information:

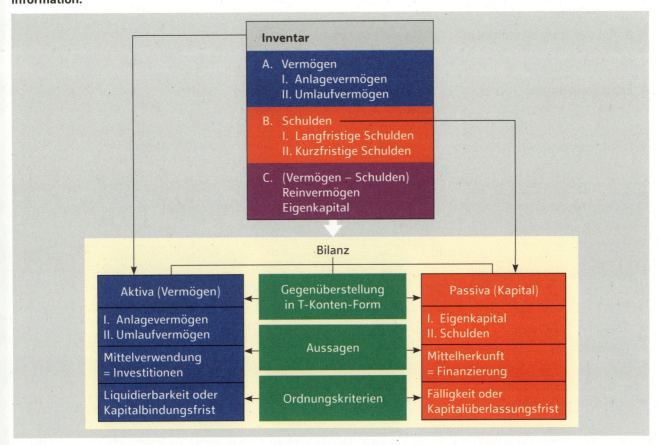

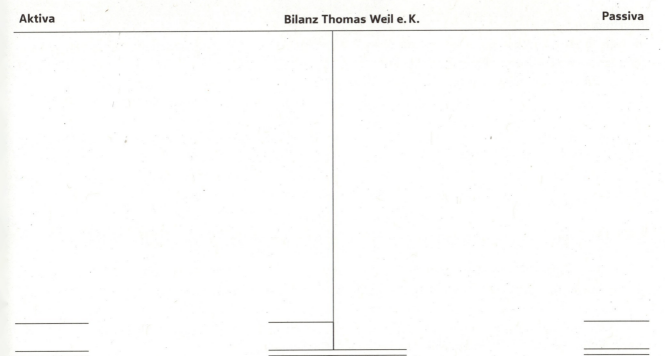

Köln, den 31.12.20..

© Westermann Gruppe

Werten Sie in Partnerarbeit die von Ihnen aufgestellte Bilanz aus. Berechnen Sie von den folgenden Bilanzpositionen die prozentualen Anteile am Gesamtkapital (auf zwei Stellen nach dem Komma runden).

- Anteil des Anlagevermögens:

- Anteil des Umlaufvermögens:

- Eigenkapitalanteil:

- Fremdkapitalanteil (Schulden):

Berechnen Sie zudem die Kennzahlen zur Anlagendeckung sowie die Liquidität 1. und 2. Grades. (Informieren Sie sich dazu in Ihrem Schulbuch.)

- Anteil des Anlagendeckung:

- Liquidität 1. Grades:
  (Barliquidität)

- Liquidität 2. Grades:

Information:
Die **Vermögensstruktur** gibt Auskunft darüber, wie Anlage- und Umlaufvermögen im Verhältnis zum Gesamtvermögen im Unternehmen verteilt sind.
Die **Kapitalstruktur** zeigt, wie hoch der Eigenkapital- bzw. Fremdkapitalanteil am Gesamtvermögen des Unternehmens ist. Hier gilt: Je höher der Eigenkapitalanteil ist, desto größer ist die finanzielle Unabhängigkeit und Kreditwürdigkeit eines Unternehmens. Eine niedrige Eigenkapitalquote bedeutet ein hohes Insolvenzrisiko. Vergleichsunternehmen der Kleinmöbelfabrik Thomas Weil e. K. haben eine Eigenkapitalquote von 43 % und eine Anlagendeckung von 65 %.
Kritisch ist nach Meinung der Hausbank eine Barliquidität unter 80 % – eine Barliquidität von 90 % und mehr gilt als gut. Die Liquidität 2. Grades sollte mindestens 100 % betragen.

Bewerten

Gehen Sie mit einem anderen Paar zusammen und vergleichen Sie Ihre errechneten Kennzahlen. Überprüfen Sie Abweichungen und suchen Sie gemeinsam nach möglichen Fehlern.
Analysieren Sie die Bilanz sowie die errechneten Kennzahlen in Ihrer Gruppe und geben Sie eine erste Einschätzung bezüglich eines möglichen Kaufpreises für die Kleinmöbelfabrik Thomas Weil e. K. ab. Vergleichen Sie Ihre Einschätzungen anschließend in einem Klassengespräch.

© Westermann Gruppe

Vertiefen und Lernergebnisse sichern

Notieren Sie zum Abschluss in Einzelarbeit drei Merksätze zum Inhalt und zur Struktur einer Bilanz.

Stellen Sie, ohne zunächst in Ihr Schulbuch zu schauen, die wesentlichen Unterschiede von Inventar und Bilanz in folgender Tabelle gegenüber.

Inventar	Bilanz

Übung 2.1: Eine Bilanz aufbereiten

Erstellen Sie auf der Grundlage der folgenden Zahlen eine aufbereitete Bilanz und ermitteln Sie die Prozentsätze der einzelnen Bilanzpositionen (auf zwei Stellen nach dem Komma runden).

Anlagevermögen 4 770 300,00 €, Umlaufvermögen 2 267 000,00 €, langfristige Verbindlichkeiten 2 250 000,00 €, kurzfristige Verbindlichkeiten 570 000,00 €

Aktiva	Aufbereitete Bilanz zum 31. Dezember 20..				Passiva
	€	%		€	%
Anlagevermögen			Eigenkapital		
Umlaufvermögen			Fremdkapital		
			– langfristig		
			– kurzfristig		
Bilanzsumme			Bilanzsumme		

Übung 2.2: Aussagen zur Bilanz überprüfen

Prüfen Sie die folgenden Aussagen zur Bilanz und berichtigen Sie die Aussagen.

Aussage	Korrektur
Das Anlagevermögen ist im Unternehmen kurzfristig angelegt.	
Verbindlichkeiten a. LL. werden auf der Aktivseite der Bilanz ausgewiesen und bezeichnen Gelder, die das Unternehmen noch bekommen soll bzw. auf die es noch einen Anspruch hat.	
In der Bilanz werden Vermögen, Schulden und Eigenkapital untereinander in Staffelform aufgeführt.	
Das Eigenkapital weist das Gesamtvermögen des Unternehmens in der Bilanz aus.	
Auf der Passivseite der Bilanz werden die Formen des Vermögens ausgewiesen, also die „Mittelverwendung".	

© Westermann Gruppe

Übung 2.3: Typische Belege identifizieren und prüfen

Durch die Geschäftsabläufe in einem Unternehmen entsteht eine Vielzahl von Wertströmen, die durch verschiedene Arten von Belegen abgebildet werden. Wertströme ergeben sich durch:

- Wareneinkäufe → Eingangsrechnungen (ER)
- Verkäufe von Waren und fertigen Produkten auf Rechnung → Ausgangsrechnungen (AR)
- Kassenein- oder -auszahlung → Kassenbelege (KB)
- Zahlungsein- oder -ausgänge auf dem Bankkonto → Kontoauszüge der Bank (BA)

Benennen Sie die Belegart der folgenden Belege, prüfen Sie deren rechnerische Richtigkeit und beschreiben Sie, welche Informationen sich aus dem Beleg ergeben.

Primus GmbH — Büroeinrichtung und Zubehör

Primus GmbH · Koloniestraße 2 – 4 · 47057 Duisburg

Herbert Blank e. K.
Bürofachgeschäft
Cäcilienstr. 86
46147 Oberhausen

Ihr Zeichen:
Ihre Nachricht vom:
Unser Zeichen:
Unsere Nachricht vom:
Name:
Telefon: 0203 44536-90
Telefax: 0203 44536-98
E-Mail: info@primus-bueroeinrichtung.de

Datum: 04.10.20..

RECHNUNG

Ihr Auftrag vom	Kunden-Nr.	Rechnungs-Nr.	Datum
04.10.20..	10170	520-349	04.10.20..

Artikel-Nr.	Menge	Artikelbezeichnung	Einzelpreis in €	Gesamtpreis in €
159B574	8	Schreibtisch Primo	212,50	1 696,00
159B616	6	Unterschrank Primo	142,50	855,00
		Zwischens.		2 551,00
		+ 19 % USt.		484,69
		Rechnungsbetrag		3 035,69

Zahlbar bis 18.10.20.. ohne Abzug

Belegart: _____

Absender: _____

Adressat: _____
_____

Information:
_____
_____
_____
_____

Rechnerisch richtig:

Ja ☐   Nein ☐

Fehler:
_____
_____
_____
_____

Giesen & Co. OHG
Herstellung von Kleingeräten für Schulungsbedarf

Giesen & Co. OHG, Quarzstr. 98, 51371 Leverkusen
Primus GmbH
Groß- und Außenhandel für Bürobedarf
Koloniestraße 2 – 4
47057 Duisburg

Ihr Zeichen:
Ihre Nachricht vom:
Unser Zeichen:
Unsere Nachricht vom:

Name:
Telefon: 0214 7667-54
Telefax: 0214 7667-34
E-Mail: info@giesen.de

Datum: 12.10.20..

RECHNUNG

Ihr Auftrag vom	Kunden-Nr.	Rechnungs-Nr.	Datum
10.10.20..	53427	210-3332	12.10.20..

Artikel-Nr.	Menge	Artikelbezeichnung	Einzelpreis in €	Gesamtpreis in €
420100	500	Primus Bleistifte, 12 Stück	1,38	690,00
420108	340	Primus Textmarker, 6 Stück	1,15	402,50
		Zwischens.		1 092,50
		+ 19 % USt.		209,58
		Rechnungs-betrag		1 302,08

Lieferung: frei Haus
Rechnung zahlbar netto – sofort

Belegart: _____
Absender: _____
Adressat: _____
Information: _____

Rechnerisch richtig:
Ja ☐ Nein ☐

Fehler: _____

SEPA-Girokonto IBAN: DE12 3505 0000 0360 0587 96   Kontoauszug 175
                    BIC: DUISDE33XXX   Blatt 1
Sparkasse Duisburg UST-ID:DE124659333

Datum	Erläuterungen		Betrag
	Kontostand in Euro am 17.10.20.., Auszug Nr. 174		231 900,00+
18.10.20..	Überweisung GIESEN & CO. OHG, LEVERKUSEN KD-NR. 53427 RECHNUNGSNR. 210-3332	Wert: 18.10.20..	1 286,39-
18.10.20..	Zahlungseingang HERBERT BLANK E. K., OBERHAUSEN KD-NR. 10170 RECHNUNGSNR. 520-349	Wert: 18.10.20..	3 040,45+
	Kontostand in Euro am 19.10.20.., 10:04 Uhr		233 654,06+

Ihr Dispositionskredit: 80 000,00 €

Primus GmbH

Belegart: _____
Absender: _____
Adressat: _____
Information: _____

Rechnerisch richtig:
Ja ☐ Nein ☐

Fehler: _____

Lernsituation 2 – Übungsaufgaben   175

Belegart: _____
Absender: _____
Adressat: _____

Information: _____
_____
_____
_____

Rechnerisch richtig:
Ja ☐   Nein ☐

Fehler: _____
_____
_____
_____
_____
_____
_____

Belegart: _____
Absender: _____
Adressat: _____

Information: _____
_____
_____
_____
_____

Übung 2.4: Veränderungen des Vermögens und der Schulden dokumentieren

Bearbeiten Sie die nachfolgenden Geschäftsfälle, indem Sie die vier Leitfragen beantworten.

Geschäftsfälle		Leitfrage 1 – Welche Posten der Bilanz werden durch den Geschäftsfall berührt?	Leitfrage 2 – Handelt es sich um Posten der Aktiv- oder der Passivseite der Bilanz?	Leitfrage 3 – Erhöht oder vermindert der Geschäftsfall die einzelnen Bilanzposten?	Leitfrage 4 – Um welche der vier Bilanzveränderungen handelt es sich?
Geschäftsfall 1 Die Primus GmbH kauft einen neuen Büroschrank und zahlt diesen bar (Barkauf eines Büroschrankes).	€ 1 420,00	Betriebs- und Geschäftsausstattung	Aktivposten	Mehrung +1 420,00 €	Aktivtausch
		Kasse	Aktivposten	Minderung –1 420,00 €	

© Westermann Gruppe

Lernsituation 2 – Übungsaufgaben

Geschäftsfälle		Leitfrage 1: Welche Posten der Bilanz werden durch den Geschäftsfall berührt?	Leitfrage 2: Handelt es sich um Posten der Aktiv- oder der Passivseite der Bilanz?	Leitfrage 3: Erhöht oder vermindert der Geschäftsfall die einzelnen Bilanzposten?	Leitfrage 4: Um welche der vier Bilanzveränderungen handelt es sich?
Geschäftsfall 2 Die Primus GmbH nimmt ein Darlehen zum Ausgleich einer größeren Liefererrechnung auf.	€ 9 500,00				
Geschäftsfall 3 Die Primus GmbH gleicht die Eingangsrechnung (ER 390) durch eine Banküberweisung (BA 67) aus.	€ 7 400,00				
Geschäftsfall 4 Ein Kunde bezahlt eine fällige Ausgangsrechnung (AR 96) bar in der Verkaufsboutique (Kunde zahlt bar für AR 96).	€ 490,00				
Geschäftsfall 5 Die Primus GmbH kauft eine neue Kasse. Die Eingangsrechnung (ER 395) ist in 30 Tagen zu begleichen (Einkauf einer Kasse auf Ziel, ER 395).	€ 2 880,00				
Geschäftsfall 6 Ein Kunde bezahlt die Ausgangsrechnung (AR 101) durch eine Banküberweisung (BA 411) (Kunde zahlt durch Banküberweisung, BA 411 für AR 101).	€ 920,00				
Geschäftsfall 7 Die Primus GmbH überweist eine Rate (BA 413) zur Tilgung eines Darlehens (Tilgung eines Darlehens durch BA 413).	€ 1 000,00				

© Westermann Gruppe

Lernsituation 2 – Übungsaufgaben

Geschäftsfälle		Leitfrage 1: Welche Posten der Bilanz werden durch den Geschäftsfall berührt?	Leitfrage 2: Handelt es sich um Posten der Aktiv- oder der Passivseite der Bilanz?	Leitfrage 3: Erhöht oder vermindert der Geschäftsfall die einzelnen Bilanzposten?	Leitfrage 4: Um welche der vier Bilanzveränderungen handelt es sich?
Geschäftsfall 8 Die Primus GmbH verkauft einen gebrauchten Schreibtisch bar (Barverkauf eines gebrauchten Schreibtischs).	€ 220,00				
Geschäftsfall 9 Die Primus GmbH kauft einen neuen Lieferwagen. Die Eingangsrechnung (ER 396) ist in 20 Tagen zu begleichen (Fuhrpark, ER 396 auf Ziel).	€ 20 120,00				
Geschäftsfall 10 Ein Großkunde begleicht eine Rechnung über fünf Stühle (AR 102) per Banküberweisung (BA 414).	€ 1 450,00				

Übung 2.5: Buchung der Wertveränderungen auf Bestandskonten

Eröffnen Sie die Bestandskonten und buchen Sie die Geschäftsfälle aus der Übung 2.4. Achten Sie bereits hier auf eine wichtige Buchungsregel: Jeder Geschäftsfall löst je eine Buchung auf der Soll-Seite eines Kontos sowie auf der Haben-Seite eines anderen Kontos aus. Buchen Sie immer erst auf der Soll-Seite, bevor Sie auf der Haben-Seite die Gegenbuchung vornehmen!

Aktiva   Eröffnungsbilanz Primus GmbH in €   **Passiva**

Aktiva	€	Passiva	€
I. Anlagevermögen		I. Eigenkapital	989 500,00
1. Grundstück mit Bauten	765 000,00	II. Schulden	
2. Fuhrpark	212 000,00	1. langfristige Darlehensschulden	760 000,00
3. Betriebs- und Geschäftsausstattung	170 500,00	2. kurzfristige Verbindlichkeiten a. LL.	373 700,00
II. Umlaufvermögen			
1. Warenbestand	650 700,00		
2. Forderungen a. LL.	21 200,00		
3. Kasse	5 100,00		
4. Bankguthaben	298 700,00		
	2 123 200,00		2 123 200,00

© Westermann Gruppe

↓ **Aktivkonten**   ↓ **Passivkonten**

S	Grundstücke mit Bauten	H	S	Eigenkapital	H
AB	765 000,00				

| S | Fuhrpark | H | S | Darlehensschulden | H |

| S | Betriebs- und Geschäftsausstattung | H | S | Verbindlichkeiten a. LL. | H |

| S | Warenbestand | H |

| S | Forderungen a. LL. | H |

| S | Bankguthaben | H |

| S | Kasse | H |

Lernsituation 3: Sie erfassen Belege systematisch im Grund- und Hauptbuch

Nicole Höver arbeitet nun schon seit einiger Zeit in der Buchführung. Das Geschäftsjahr nähert sich dem Ende und die damit einhergehenden Belastungen sind für alle Mitarbeiter des Rechnungswesens spürbar. Als Nicoles Ausbilderin, Frau Lapp, zu Nicole ins Büro kommt, überreicht sie ihr einen ungeordneten Stapel an Belegen: *„Bitte buchen Sie die Geschäftsfälle und schließen Sie die betreffenden Konten ab. Zu Ihrer Hilfe haben Sie hier den Stand der zuletzt vergebenen Belegnummern (lfd. Nr. 3600, KA 710, ER 540, BA 250).“*

© Westermann Gruppe

Lernsituation 3

SEPA-Girokonto	IBAN: DE12 3505 0000 0360 0587 96	Kontoauszug 251
Sparkasse Duisburg	BIC: DUISDE33XXX UST-ID: DE124659333	Blatt 1

Datum	Erläuterungen		Betrag
	Kontostand in Euro am 16.12.20.., Auszug Nr. 250		231 100,00+
18.12.20..	Tilgung Darlehensvertrag 35960-63	Wert: 18.12.20..	5 000,00−
		Belegnummer	
	Kontostand in Euro am 18.12.20.., 11:30 Uhr		226 100,00+
	Ihr Dispositionskredit: 80 000,00 €		

Primus GmbH

SEPA-Girokonto	IBAN: DE12 3505 0000 0360 0587 96	Kontoauszug 253
Sparkasse Duisburg	BIC: DUISDE33XXX UST-ID: DE124659333	Blatt 1

Datum	Erläuterungen		Betrag
	Kontostand in Euro am 21.12.20.., Auszug Nr. 252		231 100,00+
22.12.20..	Zahlungseingang CARL WÄGLI BÜROBEDARF RECHNUNGSNUMMER 33386 RECHNUNGSDATUM 17.12.20..	Wert: 22.12.20..	1 520,00+
		Belegnummer	
	Kontostand in Euro am 22.12.20.., 8:50 Uhr		232 620,00+
	Ihr Dispositionskredit: 80 000,00 €		

Primus GmbH

SEPA-Girokonto	IBAN: DE12 3505 0000 0360 0587 96	Kontoauszug 254
Sparkasse Duisburg	BIC: DUISDE33XXX UST-ID: DE124659333	Blatt 1

Datum	Erläuterungen		Betrag
	Kontostand in Euro am 22.12.20.., Auszug Nr. 253		232 620,00+
24.12.20..	Überweisung LKW-HANDEL JOOST E. K. AUFTRAGNUMMER 456-112 RECHNUNGSDATUM 19.12.20..	Wert: 24.12.20..	40 000,00−
		Belegnummer	
	Kontostand in Euro am 24.12.20.., 9:45 Uhr		192 620,00+
	Ihr Dispositionskredit: 80 000,00 €		

Primus GmbH

© Westermann Gruppe

Lernsituation 3

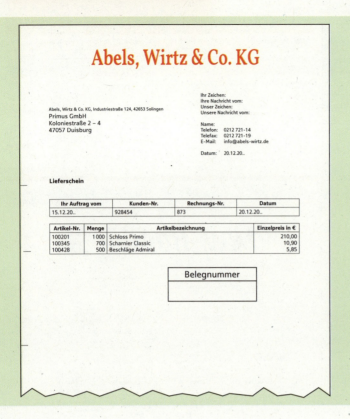

Beschreibung und Analyse der Situation

Begeben Sie sich in eine Vierergruppe und sammeln Sie in Stichworten mögliche Aufgaben und Arbeitsschritte des Rechnungswesens, die im Zusammenhang mit den vorliegenden Belegen anfallen.

Mögliche Überlegungen:

_____
_____
_____
_____
_____
_____
_____
_____

Planen und durchführen I

Planen Sie die einzelnen Arbeitsschritte zur ordnungsgemäßen Erfassung der abgebildeten Belege und stellen Sie diese in einem Ablaufschema dar.

Ablaufschema zur Bearbeitung von Belegen

1. Schritt
_____

⬇

2. Schritt
_____

⬇

3. Schritt
_____

⬇

4. Schritt
_____

⬇

5. Schritt
_____

⬇

6. Schritt
_____

Bewerten I

- Übertragen Sie Ihren Ablaufplan auf ein Plakat oder in eine digitale Präsentation und stellen Sie ihn in Ihrer Klasse vor.
- Klären Sie in einem Klassengespräch, welcher Ablaufplan für das Erfassen und Buchen der Belege am sinnvollsten erscheint.

Lernergebnisse sichern I

Ergänzen Sie Ihren bisherigen Ablaufplan in Ihrem Arbeitsheft und passen Sie ihn ggf. an.

Planen und durchführen II

Führen Sie Ihre Planungen aus und buchen Sie die vorliegenden Belege. Verwenden Sie dazu die folgenden Vorlagen. Benennen Sie Ihre jeweiligen Arbeitsschritte.

Arbeitsschritt: _____

© Westermann Gruppe

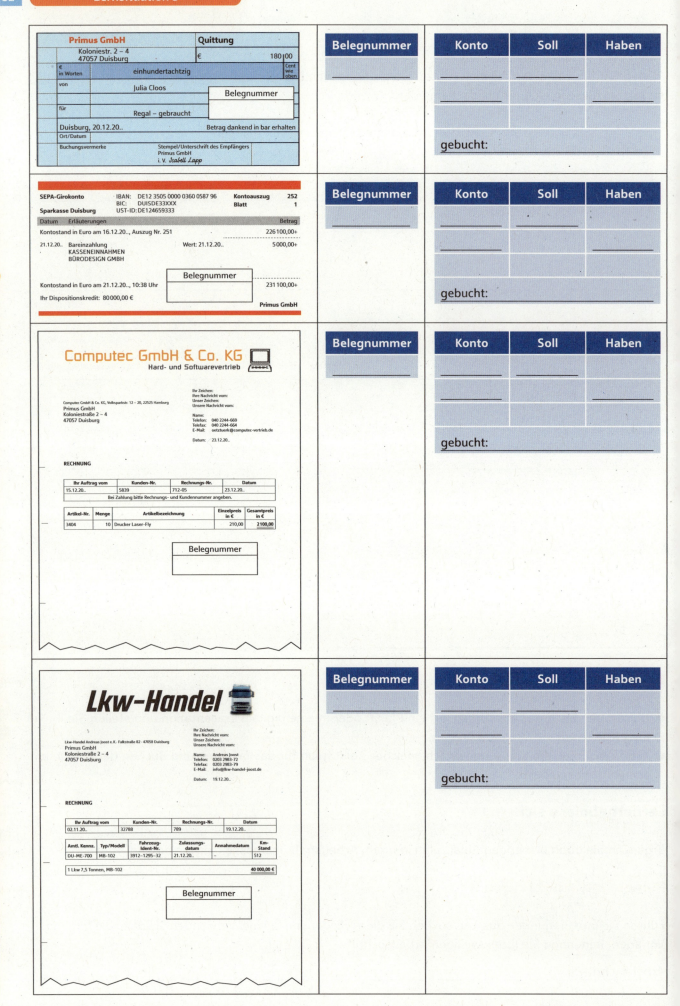

Lernsituation 3

Beleg 1: Kontoauszug 251

SEPA-Girokonto — Sparkasse Duisburg
IBAN: DE12 3505 0000 0360 0587 96
BIC: DUISDE33XXX
UST-ID: DE124659333
Kontoauszug 251, Blatt 1

Datum	Erläuterungen		Betrag
	Kontostand in Euro am 16.12.20.., Auszug Nr. 250		231 100,00+
18.12.20..	Tilgung Darlehensvertrag 35960-63	Wert: 18.12.20..	5 000,00-
	Kontostand in Euro am 18.12.20.., 11:30 Uhr		226 100,00+
	Ihr Dispositionskredit: 80 000,00 €		

Primus GmbH

Beleg 2: Kontoauszug 253

SEPA-Girokonto — Sparkasse Duisburg
IBAN: DE12 3505 0000 0360 0587 96
BIC: DUISDE33XXX
UST-ID: DE124659333
Kontoauszug 253, Blatt 1

Datum	Erläuterungen		Betrag
	Kontostand in Euro am 21.12.20.., Auszug Nr. 252		231 100,00+
22.12.20..	Zahlungseingang CARL WÄGLI BÜROBEDARF RECHNUNGSNUMMER 33386 RECHNUNGSDATUM 17.12.20..	Wert: 22.12.20..	1 520,00+
	Kontostand in Euro am 22.12.20.., 8:50 Uhr		232 620,00+
	Ihr Dispositionskredit: 80 000,00 €		

Primus GmbH

Beleg 3: Quittung

Primus GmbH, Koloniestr. 2 – 4, 47057 Duisburg

Quittung

€ 4 400,00
in Worten: viertausendvierhundert
von: LKW-Gebrauchthandel Lindemann
für: Kleintransporter Fiat F 70

Duisburg, 17.12.20..
Betrag dankend in bar erhalten
Stempel/Unterschrift des Empfängers
Primus GmbH
i. V. *Isabell Lapp*

Beleg 4: Kontoauszug 254

SEPA-Girokonto — Sparkasse Duisburg
IBAN: DE12 3505 0000 0360 0587 96
BIC: DUISDE33XXX
UST-ID: DE124659333
Kontoauszug 254, Blatt 1

Datum	Erläuterungen		Betrag
	Kontostand in Euro am 22.12.20.., Auszug Nr. 253		232 620,00+
24.12.20..	Überweisung LKW-HANDEL JOOST E. K. AUFTRAGSNUMMER 456-112 RECHNUNGSDATUM 19.12.20..	Wert: 24.12.20..	40 000,00-
	Kontostand in Euro am 24.12.20.., 9:45 Uhr		192 620,00+
	Ihr Dispositionskredit: 80 000,00 €		

Primus GmbH

Beleg 5: Lieferschein Abels, Wirtz & Co. KG

Abels, Wirtz & Co. KG

Abels, Wirtz & Co. KG, Industriestraße 124, 42653 Solingen

Primus GmbH
Koloniestraße 2 – 4
47057 Duisburg

Ihr Zeichen:
Ihre Nachricht vom:
Unser Zeichen:
Unsere Nachricht vom:
Name:
Telefon: 0212 721-14
Telefax: 0212 721-19
E-Mail: info@abels-wirtz.de
Datum: 20.12.20..

Lieferschein

Ihr Auftrag vom	Kunden-Nr.	Rechnungs-Nr.	Datum
	928454	873	20.12.20..

Artikel-Nr.	Menge	Artikelbezeichnung	Einzelpreis in €
100201	1000	Schloss Primo	210,00
100345	700	Scharnier Classic	10,90
100428	500	Beschläge Admiral	5,85

© Westermann Gruppe

Arbeitsschritt:

\multicolumn{6}{c}{Primus GmbH}
\multicolumn{4}{c}{Grundbuch}	\multicolumn{2}{c}{Seite 351}
Lfd. Nr.	Buchungsdatum	Beleg	Buchungssatz	Soll in €	Haben in €
3601					
3602					
3603					
3604					
3605					
3606					
3607					
3608					

Arbeitsschritt:

S	Grundstücke mit Bauten	H	S	Eigenkapital	H
AB	765 000,00			AB	950 200,00

S	Fuhrpark	H	S	Darlehensschulden	H
AB	200 000,00			AB	690 000,00

S	Betriebs- und Geschäftsausstattung	H	S	Verbindlichkeiten a. LL.	H
AB	175 000,00			AB	380 000,00

S	Warenbestand	H
AB	610 000,00	

S	Forderungen a. LL.	H
AB	27 000,00	

S	Kasse	H
AB	12 100,00	

S	Bankguthaben	H
AB	231 100,00	

Arbeitsschritt: _____

Soll	Schlussbilanzkonto	Haben

Bewerten II

Vergleichen Sie Ihre Ergebnisse zunächst mit denen Ihrer Sitznachbarin/Ihres Sitznachbarn, bevor Sie die Ergebnisse in der Klasse besprechen.

Lernergebnisse sichern II

Denken Sie über Ihren zurückliegenden Arbeitsprozess nach und verfassen Sie in Fließtext eine Arbeitsanweisung zum ordnungsgemäßen Buchen von Geschäftsfällen für eine neue Kollegin/einen neuen Kollegen. Ergänzend zu den von Ihnen verfassten Arbeitsanweisungen können Sie in Ihrer Klasse Erklärvideos erstellen. Dazu sollten Sie in Gruppen zu je vier Personen arbeiten.

© Westermann Gruppe

Übung 3.1: Zusammengesetzte Buchungssätze

Bilden Sie die Buchungssätze zu den folgenden Geschäftsfällen.

1. Kunde gleicht Rechnung aus
   - durch Banküberweisung 740,00 €
   - durch Barzahlung 820,00 €
2. Kauf eines Pkw für den Betrieb
   - gegen Bankscheck 14 900,00 €
   - gegen bar 5 000,00 €
3. Tilgung eines Bankdarlehens
   - durch Banküberweisung 6 000,00 €
   - durch Barzahlung 500,00 €
4. Verkauf einer gebrauchten Maschine
   - gegen Barzahlung 200,00 €
   - gegen Bankscheck 500,00 €
   - auf Ziel 1 300,00 €
5. Ausgleich einer Liefererrechnung
   - durch Banküberweisung 1 900,00 €
   - durch Barzahlung 500,00 €
6. Kauf von Regalen für das Lager
   - gegen Barzahlung 1 200,00 €
   - gegen Bankscheck 3 800,00 €

Grundbuch			Seite 1	
Lfd. Nr.	Buchungs-datum	Buchungssatz	Soll in €	Haben in €

Übung 3.2: Lern- und Unterrichtscheck 1 – Sie reflektieren Ihre Tätigkeit in der Finanzbuchhaltung

Reflektieren Sie Ihr Lernen und Arbeiten sowie den zurückliegenden Unterricht und tauschen Sie sich anschließend darüber in Ihrer Klasse aus.

Eigener Lernerfolg	Trifft zu	Trifft nicht zu
1. Ich kenne den Zusammenhang zwischen Inventur, Inventar und Bilanz.		
2. Ich kann selbstständig ein Inventar erstellen.		
3. Aus einem Inventar kann ich eine Bilanz ableiten.		
4. Ich kann eine Bilanz entsprechend den Formvorschriften aufstellen.		
5. Ich kann kaufmännische Belege lesen.		
6. Ich weiß, wie mit kaufmännischen Belegen in der Finanzbuchführung zu verfahren ist.		
7. Geschäftsfälle kann ich im Grund- und Hauptbuch erfassen.		
8. Buchungssätze zu bilden, fällt mir nicht schwer.		

Lern- und Arbeitsprozess	Trifft zu	Trifft nicht zu
1. Ich arbeite sauber und akkurat, sodass auch Fremde meine Aufzeichnungen verstehen.		
2. Mit den Partner- und Gruppenarbeitsphasen bin ich zufrieden, weil diese zu guten Arbeitsergebnissen führen.		
3. Ich arbeite konzentriert.		
4. Arbeits- und Lernzeit habe ich gut genutzt.		

Unterricht	Trifft zu	Trifft nicht zu
1. Die eingesetzten Unterrichtsmaterialien waren ansprechend und hilfreich.		
2. Die Bearbeitungszeit war angemessen.		
3. Mein/-e Lehrer/-in hat mich angemessen unterstützt und betreut.		

© Westermann Gruppe

Übung 3.3: Aufwand, Ertrag oder Veränderung von Vermögen und Kapital

Überlegen Sie zu jedem Geschäftsfall der Primus GmbH, ob es sich um einen Aufwand, einen Ertrag oder einen erfolgsneutralen Geschäftsfall handelt. (Im Falle eines erfolgsneutralen Geschäftsfalls bitte die Art der Bilanzveränderung angeben).

Lfd. Nr.	Beleg	Geschäftsfälle	€	Aufwand, Ertrag oder erfolgsneutraler Geschäftsfall
1	ER:	Wareneinkauf auf Ziel	9 800,00	
2	BA:	Die Bank schreibt Zinsen gut.	122,00	
3	KA:	Auszahlung von Aushilfslöhnen	1 820,00	
4	BA:	Ein Kunde überweist eine fällige Ausgangsrechnung.	590,00	
5	AR:	Verkauf von Waren auf Ziel	7 500,00	
6	BA:	Eingang der Gasrechnung für das zurückliegende Jahr	2 000,00	
7	BA:	Zahlung an einen Lieferer durch Banküberweisung	5 960,00	
8	KB:	Verkäufe von Waren in bar	23 950,00	
9	ER:	Reparatur der Rolltreppe in den Geschäftsräumen	1 020,00	
10	BA:	Eingang des Gewerbesteuerbescheides	2 340,00	
11	BA:	Banküberweisung einer Darlehensrate	5 000,00	
12	BA:	Banküberweisung für gemietete Gebäude	6 200,00	
13	ER:	Einkauf eines neuen Schreibtischs auf Ziel	1 900,00	
14	KB:	Warenverkauf bar	120,00	
15	KB:	Wareneinkauf bar bei einem Lieferanten	500,00	
16	KB:	Einkauf von Postwertzeichen bar	18,00	
17	BA:	Ein Großkunde überweist eine Rechnung.	23 500,00	
18	BA:	Eine Werbeagentur bezeichnet die Gestaltung einer Anzeige als ...	750,00	
19	BA:	Überweisung der Gehälter	12 700,00	
20	KA:	Verkauf eines gebrauchten Schreibtisches	200,00	

© Westermann Gruppe

Übung 3.4: Erfolgswirksame Geschäftsfälle

Vervollständigen Sie die Tabelle nach folgendem Beispiel.

Geschäftsfälle		Welche Konten werden von dem Geschäftsfall betroffen?	Zu welcher Kontenart gehören die Konten?	Buchungstext	Soll in €	Haben in €
Geschäftsfall 1 Banküberweisung der Primus GmbH für Versicherungsbeiträge	3 100,00 €	Versicherungsbeiträge	Aufwandskonto	Versicherungsbeiträge an Bank	3 100,00	
		Bank	Bestandskonto			3 100,00
Geschäftsfall 2 Tagesumsätze der Primus GmbH Verkaufsboutique	31 580,00 €					
Geschäftsfall 3 Banküberweisung für die Gehälter der Angestellten.	21 000,00 €					
Geschäftsfall 4 Die Primus GmbH bezieht vom Lieferanten Computec GmbH & Co. KG Notebooks mit einem Zahlungsziel von 30 Tagen.	5 400,00 €					
Geschäftsfall 5 Die Primus GmbH erhält eine Überweisung für vermietete Büroräume.	1 050,00 €					
Geschäftsfall 6 Die Primus GmbH überweist die Miete für ihr Außenlager.	2 200,00 €					

© Westermann Gruppe

Übung 3.5: Eine Lernübersicht erstellen – das System der Bestands- und Erfolgskonten

Vervollständigen Sie, ohne zunächst ins Lehrbuch zu schauen, die Lernübersicht an den gekennzeichneten Stellen. Gehen Sie dann mit Ihrem Sitznachbarn/Ihrer Sitznachbarin zusammen und erläutern Sie einander die Zusammenhänge.

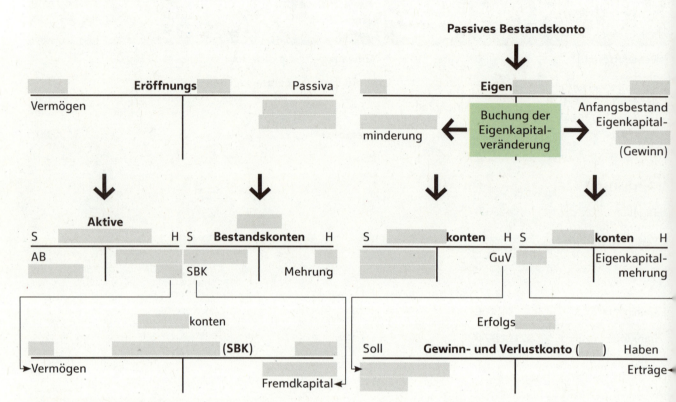

Übung 3.6: Erfolgswirksame Vorgänge erfassen und den Erfolg ermitteln

1. Sichten, prüfen und sortieren Sie die unten abgebildeten Belege nach Datum.

2. Versehen Sie die Belege mit der entsprechenden Belegnummer (zuletzt vergebene Belegnummern: lfd. Nr. 100, KA 40, ER 20, AR 05, BA 30).

3. Kontieren Sie die Belege vor.

4. Erfassen Sie die Belege im Grund- und im Hauptbuch (Anfangsbestände sind vorgegeben).

5. Führen Sie den Abschluss zum 31.03.20.. durch.

Hinweise:

- Einkäufe von Handelswaren werden direkt über das Konto 6080 Aufwendungen für Waren erfasst.
- Aus Vereinfachungsgründen wird an dieser Stelle auf die Berücksichtigung der Umsatzsteuer verzichtet.

Lernsituation 3 – Übungsaufgaben

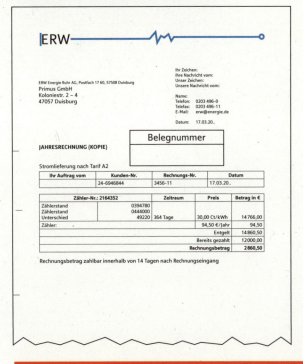

Übertragung der Belegnummer und Vorkontierung der Belege:

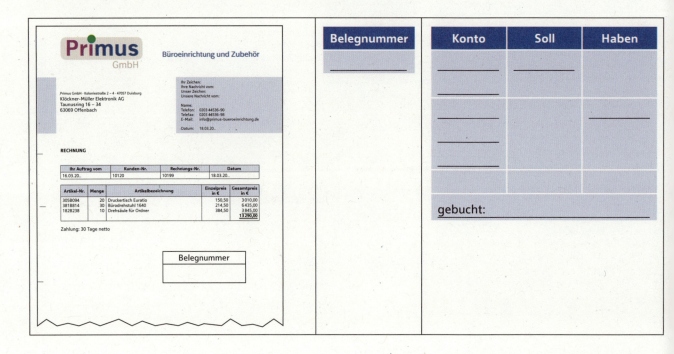

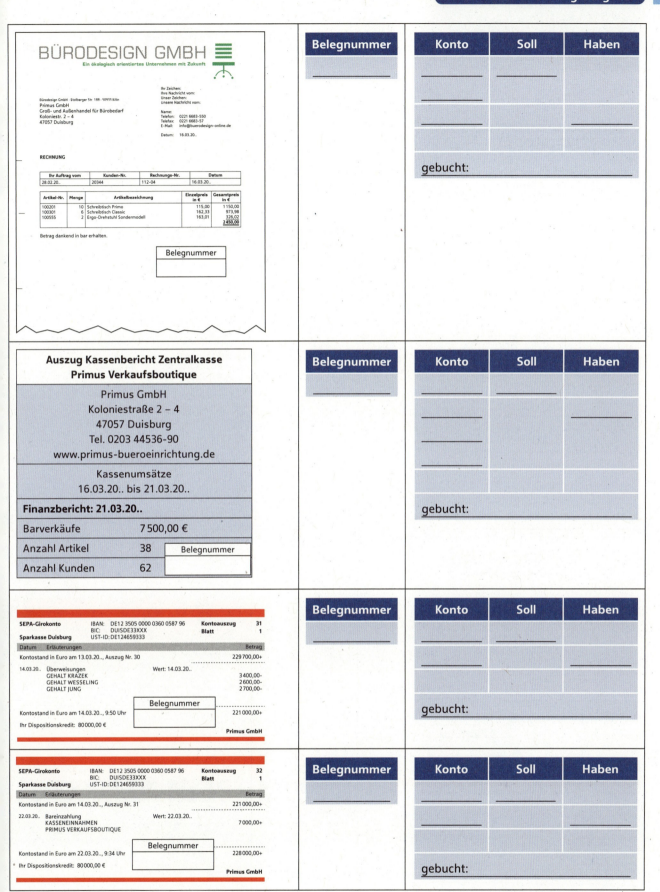

194 Lernsituation 3 – Übungsaufgaben

Beleg 1:

Deutsche Post AG
Kepplerstraße 1
57508 Duisburg   19. März 20..

84,00 €

Postwertzeichen ohne Zuschlag

Belegnummer: _____

Vielen Dank für Ihren Besuch!
Ihre Deutsche Post AG

Belegnummer	Konto	Soll	Haben
_____	____	____	____
	____	____	____
	____	____	____
	____	____	____
	gebucht: ____		

Beleg 2:

ERW – ERW Energie Ruhr AG, Postfach 17 60, 57508 Duisburg

Primus GmbH
Koloniestr. 2 – 4
47057 Duisburg

Telefon: 0203 496-0
Telefax: 0203 496-11
E-Mail: erw@energie.de
Datum: 17.03.20..

JAHRESRECHNUNG (KOPIE)

Belegnummer: _____

Stromlieferung nach Tarif A2

Ihr Auftrag vom	Kunden-Nr.	Rechnungs-Nr.	Datum
	24-6946844	3456-11	17.03.20..

Zähler-Nr.: 2164352		Zeitraum	Preis	Betrag in €
Zählerstand	0394780			
Zählerstand	0444000			
Unterschied	49220	364 Tage	30,00 Ct/kWh	14 766,00
Zähler:			94,50 €/Jahr	94,50
			Entgelt	14 860,50
			Bereits gezahlt	12 000,00
			Rechnungsbetrag	2 860,50

Rechnungsbetrag zahlbar innerhalb von 14 Tagen nach Rechnungseingang

Belegnummer	Konto	Soll	Haben
_____	____	____	____
	____	____	____
	____	____	____
	____	____	____
	gebucht: ____		

Beleg 3:

Bürotec GmbH
— Büroeinrichtung aller Art —

Bürotec GmbH · Fabrikstr. 24 – 30 · 04129 Leipzig

Primus GmbH
Koloniestr. 2 – 4
47057 Duisburg

Telefon: 0341 554-645
Telefax: 0341 554-849
E-Mail: info@buerotec.com
Datum: 15.03.20..

RECHNUNG

Ihr Auftrag vom	Kunden-Nr.	Rechnungs-Nr.	Datum
12.03.20..	44070	979-9	15.03.20..

Artikel-Nr.	Menge	Artikelbezeichnung	Einzelpreis in €	Gesamtpreis in €
1821023	15	Bürotafel	71,67	1 075,05

Zahlungsbedingungen: zahlbar innerhalb von zehn Tagen, netto

Belegnummer: _____

Belegnummer	Konto	Soll	Haben
_____	____	____	____
	____	____	____
	____	____	____
	____	____	____
	gebucht: ____		

Beleg 4:

SEPA-Girokonto IBAN: DE12 3505 0000 0360 0587.96 Kontoauszug 33
Sparkasse Duisburg BIC: DUISDE33XXX Blatt 1
UST-ID: DE124659333

Datum	Erläuterungen		Betrag
Kontostand in Euro am 22.03.20.., Auszug Nr. 32			228 000,00+
24.03.20..	Überweisung BÜROTEC GMBH RECHNUNGSNUMMER 979-9 RECHNUNGSDATUM 15.03.20..	Wert: 24.03.20..	1 075,05–
24.03.20..	Lastschrift BUCHUNGSSTELLE TELEKOM	Wert: 24.03.20..	330,00–
Kontostand in Euro am 24.03.20.., 9:01 Uhr			226 594,95+
Ihr Dispositionskredit: 80 000,00 €			Primus GmbH

Belegnummer: _____

Belegnummer	Konto	Soll	Haben
_____	____	____	____
	____	____	____
	____	____	____
	____	____	____
	____	____	____
	____	____	____
	gebucht: ____		

© Westermann Gruppe

Primus GmbH

Quittung
Koloniestr. 2–4
47057 Duisburg
€ 200|00
in Worten: zweihundert
von: Kiosk Trampmann e. K.
für: Registrierkasse gebraucht Verkaufsboutique
Duisburg, 25.03.20..   Betrag dankend in bar erhalten
Ort/Datum
Buchungsvermerke   Stempel/Unterschrift des Empfängers
Primus GmbH
i. V. *Isabell Lapp*

Belegnummer: _____

Konto	Soll	Haben
_____	_____	_____
_____		_____
_____		

gebucht: _____

Primus GmbH — Grundbuch — Seite 120

Lfd. Nr.	Buchungs-datum	Beleg	Buchungssatz	Soll in €	Haben in €
1					
2					
3					
4					
5					
6					
7					
8					
9					
10					

Abschluss der Erfolgskonten

11					
12					
13					

© Westermann Gruppe

Lernsituation 3 – Übungsaufgaben

		Primus GmbH			
		Grundbuch		Seite 120	
Lfd. Nr.	Buchungs-datum	Beleg	Buchungssatz	Soll in €	Haben in €
14					
15					
		Abschluss des Gewinn- und Verlustkontos			
16					
		Abschluss Bestandskonten			
17					
18					
19					
20					
21					
22					

Bestandskonten

S	Betriebs- und Geschäftsausstattung	H	S	Kasse	H
AB	80 000,00		AB	3 000,00	

S	Forderungen a. LL.	H	S	Verbindlichkeiten a. LL.	H
AB	10 000,00			AB	40 000,00

© Westermann Gruppe

S	Bank	H		S	Eigenkapital	H
AB	30 000,00				AB	83 000,00

Erfolgskonten

S		H		S	Porto, Telefon, Telekommunikation	H

S		H		S	Umsatzerlöse f. Handelswaren	H

S		H

Soll	Gewinn- und Verlustkonto	Haben

Soll	Schlussbilanzkonto	Haben

Übung 3.7: Warenbestandsveränderungen erfassen

Die Primus GmbH hat auf dem Weihnachtsmarkt einen Straßenstand, an dem die Auszubildenden im Rahmen eines Projektes in Eigenregie zwei ausgewählte Artikel verkaufen. Nach dem Weihnachtsmarkt, am 29.12.20.., ist der Erfolg für die jeweiligen Artikel zu ermitteln. Buchen Sie die Geschäftsfälle auf den zutreffenden Konten und führen Sie zum Jahresende die vorbereitenden Abschlussbuchungen durch.

Lernsituation 3 – Übungsaufgaben

Angaben zu den Artikeln des Weihnachtsmarktes	
Antivirensoftware	**Mauspads**
• Anfangsbestand Antivirensoftware: 100 Stück zu je 5,20 € • Zieleinkauf: 420 Stück zu je 5,20 €, ER 749 • Anteilige Handlungskosten für diesen Artikel: 450,00 € • Barverkäufe: 310 Stück zu je 9,90 €, KB 220 • Endbestand lt. Inventur: 210 Stück zu je 5,20 €	• Anfangsbestand Mauspads: 80 Stück zu je 1,55 € • Zieleinkauf: 800 Stück zu je 1,55 €, ER 750 • Anteilige Handlungskosten für diesen Artikel: 320,00 € • Barverkäufe: 840 Stück zu je 3,00 € • Endbestand lt. Inventur: 40 Stück zu je 1,55 €

Antivirenprogramm

S Warenbestand H   S SBK H

S H   S H

S GuV H   S Eigenkapital H

Mauspads

S Warenbestand H   S SBK H

S H   S Umsatzerlöse für Waren H

© Westermann Gruppe

S	GuV	H	S	Eigenkapital	H

Gesamterfolg der Aktion:

Übung 3.8: Die Umsatzsteuer

Vervollständigen Sie den Sachtext zur Umsatzsteuer, indem Sie die aufgeführten Begriffe in die Textlücken einsetzen. Schauen Sie sich anschließend in Ihrer Klasse um, wer mit diesem Arbeitsschritt fertig ist, und finden Sie sich zu Paaren zusammen. Erklären Sie sich gegenseitig in eigenen Worten den Inhalt des Sachtextes (ohne in den Text zu schauen).

Herstellung – 19 % – Bemessungsgrundlage – Stufe – Endverbraucher – 7 % – mehr Wert – Einzelhandel – Zahllast – Umsatzsteuersatzes – USt. – Umsatzsteuergesetz – keine – Bruttopreisen – gesondert – Rohstoffgewinnung – Vorsteuer – Wertschöpfungsprozesses – 250,00 € – Finanzamt – Aufwand – Verbindlichkeit – Umsatzsteuervoranmeldung – Mehrwert

Viele zum Verkauf angebotene Waren legen meist einen langen Weg zurück: Von der _____ _____ über den Betrieb der _____, die Weiterverarbeitung sowie den Groß- und _____ bis zum Endverbraucher. Auf jeder _____ dieses Warenwegs wird „mehr Wert" geschaffen. Dieser _____ ergibt sich aus der Wertschöpfung, welche die eingekauften Vorleistungen übersteigt. Die so geschaffenen Mehrwerte einer jeden Stufe des _____ _____ werden vom Staat mit der Umsatzsteuer (Abkürzung _____) besteuert, deren Grundlage das _____ (UStG) ist. Die Umsatzsteuer ist in den Bruttopreisen enthalten. Die Nettobeträge der Lieferungen oder sonstigen Leistungen beinhalten _____ Umsatzsteuer und sind die _____ für die Errechnung des Mehrwertsteuerbetrages. In seinen Rechnungen muss jedes Unternehmen die Umsatzsteuer _____ ausweisen. Ausnahme: Kleinbetragsrechnungen bis _____. Hier reicht die Angabe des _____. Der allgemeine Umsatzsteuersatz beträgt _____, der ermäßigte, z. B. für Lebensmittel und Bücher, _____. Die in den Eingangsrechnungen ausgewiesene Umsatzsteuer nennt man _____. Sie ist eine

© Westermann Gruppe

Forderung an das _____. Die in den Ausgangsrechnungen ausgewiesene Umsatzsteuer ist eine Verbindlichkeit gegenüber dem Finanzamt. Die Umsatzsteuerschuld (_____) ist mit einer _____ für den laufenden Monat bis zum 10. des Folgemonats an das Finanzamt abzuführen. Für das Unternehmen ist die Umsatzsteuer kein _____, sondern ein sogenannter „durchlaufender Posten". Sie ist erfolgsneutral. Nur der _____ als Käufer tätigt keinen Verkaufsumsatz mehr und ist vom Gesetzgeber letztendlich als Träger der Umsatzsteuer bestimmt.

Übung 3.9: Stufen des Wertschöpfungsprozesses mit Vorsteuerabzug

Vervollständigen Sie die folgende Tabelle und berechnen Sie die Zahllast der jeweiligen Umsatzstufen, die ein Möbelstück vom Rohstofflieferanten bis zum Endverbraucher durchläuft.

Wirtschaftsstufen	Ausgangsrechnung in €	Mehrwert in €	Umsatzsteuer in €	Vorsteuer in €	Zahllast in €
I. Rohstofflieferant (Holz)	Nettowarenwert 200,00 + 19 % USt. _____ Rechnungspreis _____	200,00	_____	_____	_____
II. Hersteller des Möbelstückes	Nettowarenwert 440,00 + 19 % USt. _____ Rechnungspreis _____	_____	_____	_____	_____
III. Möbelgroßhandel	Nettowarenwert 610,00 + 19 % USt. _____ Rechnungspreis _____	_____	_____	_____	_____
IV. Einzelhandel	Nettowarenwert _____ + 19 % USt. _____ Rechnungspreis _____	_____	_____	_____	_____
V. Endverbraucher	--------------------	Summe 839,50	-------------	--------→	Summe 159,51

© Westermann Gruppe

Übung 3.10: Umsatzsteuer ermitteln, abführen und buchen

1. Vervollständigen Sie die vorliegenden Rechnungen in den farblich unterlegten Bereichen.

Giesen & Co. OHG
Herstellung von Kleingeräten für Schulungsbedarf

Giesen & Co. OHG, Quarzstr. 98, 51371 Leverkusen

Primus GmbH
Groß- und Außenhandel für Bürobedarf
Koloniestraße 2 – 4
47057 Duisburg

Ihr Zeichen:
Ihre Nachricht vom:
Unser Zeichen:
Unsere Nachricht vom:

Name:
Telefon: 0214 7667-54
Telefax: 0214 7667-34
E-Mail: info@giesen.de

Datum: 10.03.20..

RECHNUNG

Ihr Auftrag vom	Kunden-Nr.	Rechnungs-Nr.	Datum
10.03.20..	53427	1520	10.03.20..

Artikel-Nr.	Menge	Artikelbezeichnung	Einzelpreis in €	Gesamtpreis in €
56211	10	Beamer 2000	445,00	4.450,00
45921	20	Flipchart	154,00	3.080,00
56217	10	Rolltafeln	382,00	3.820,00
		Zwischensumme		11.350,00
		– 12% Rabatt		1.362,00
		Zwischensumme		9.988,00
		+ 19% Umsatzsteuer		1.897,72
		Gesamtbetrag		11.885,72

Zahlungsbedingungen: zahlbar innerhalb von 30 Tagen netto

Primus GmbH
Büroeinrichtung und Zubehör

Primus GmbH · Koloniestraße 2 – 4 · 47057 Duisburg

Stadtverwaltung Duisburg
Am Buchenbaum 18 – 22
47051 Duisburg

Ihr Zeichen:
Ihre Nachricht vom:
Unser Zeichen:
Unsere Nachricht vom:

Name:
Telefon: 0203 44536-90
Telefax: 0203 44536-98
E-Mail: info@primus-bueroeinrichtung.de

Datum: 13.03.20..

RECHNUNG

Ihr Auftrag vom	Kunden-Nr.	Rechnungs-Nr.	Datum
10.03.20..	8135	31199	13.03.20..

Artikel-Nr.	Menge	Artikelbezeichnung	Einzelpreis in €	Rabatt	Gesamtpreis in €
120-231	10	Beamer 2000	552,00	15 %	4.692,00
120-561	20	Flipchart	210,00	20 %	3.360,00
234-150	10	Rolltafeln	890,00	15 %	7.565,00
					15.617,00

In diesem Betrag sind 19 % Umsatzsteuer = 2.493,37 enthalten.

Zahlbar innerhalb von 30 Tagen netto

2. Vervollständigen Sie die folgende Darstellung. Berücksichtigen Sie, dass die Giesen & Co. OHG für den Auftrag der Primus GmbH bereits 980,00 € Vorsteuer an ihren Lieferanten entrichtet hat.

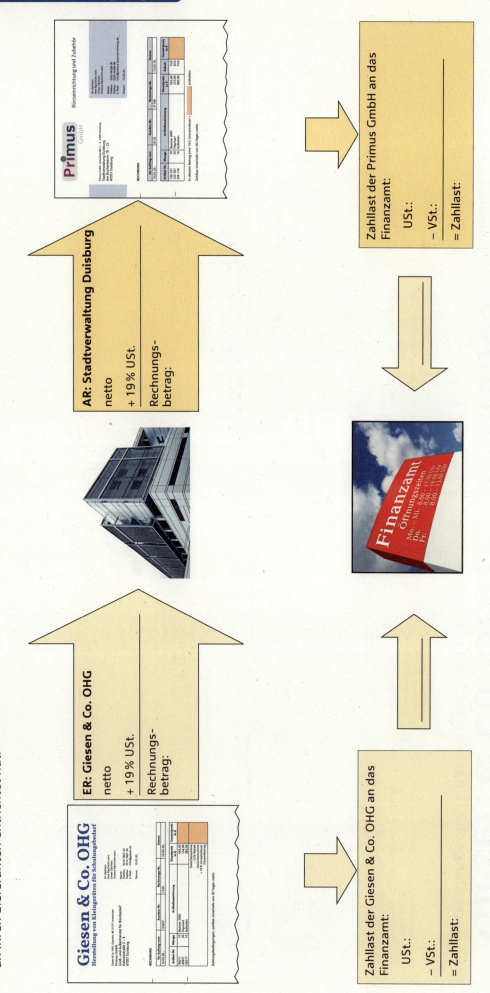

Lernsituation 3 – Übungsaufgaben 203

3. Buchen Sie die Eingangs- und Ausgangsrechnung im Grund- und Hauptbuch und ermitteln Sie die Zahllast.

Vorkontierung

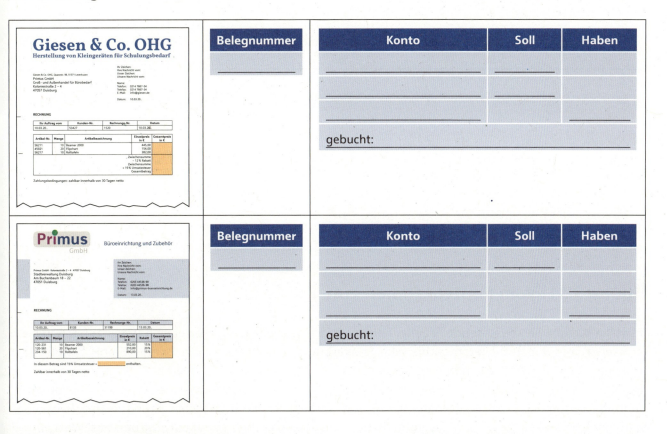

Erfassung im Grundbuch

			Primus GmbH		
			Grundbuch	Seite 199	
Lfd. Nr.	Buchungsdatum	Beleg	Buchungssatz	Soll in €	Haben in €
1	_____	ER 332	_____	_____	_____
2	_____	AR 198	_____	_____	_____
			Abschlussbuchungen		
3	_____	–	_____	_____	_____
4	_____	–	_____	_____	_____
5	_____	–	_____	_____	_____
6	_____	–	_____	_____	_____

© Westermann Gruppe

Im Hauptbuch auf ausgewählten Konten buchen und die Zahllast ermitteln

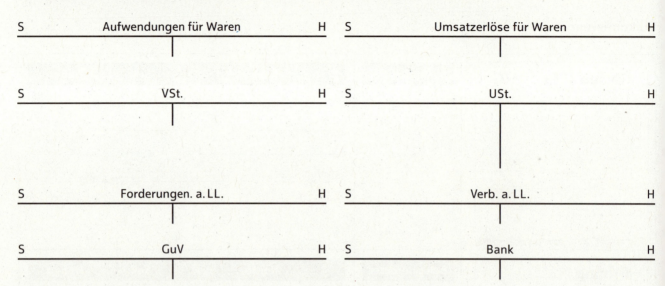

Übung 3.11: Vom Kontenrahmen zum Kontenplan

Vervollständigen Sie die folgende Tabelle. Berechnen Sie die Zahllast der jeweiligen Umsatzstufen, die ein Fernseher vom Rohstofflieferanten bis zum Endverbraucher durchläuft. Die Primus GmbH benötigt zur Erfassung der Geschäftsfälle folgende Konten:

Gehälter, Kasse, Vorsteuer 19 %, Eigenkapital, Verbindlichkeiten a. LL., Bauten auf eigenen Grundstücken, Fuhrpark, Forderungen a. LL., Betriebs- und Geschäftsausstattung, Kfz-Steuer, Kreditinstitut (Bank), Gewerbesteuer, Umsatzsteuer 19 %, Liefererskonti, Umsatzerlöse (Warenverkauf), Strom/Gas/Wasser, geringwertige Wirtschaftsgüter, Grundstücke, Porto/Telefon/Telekommunikation, Verbindlichkeiten gegenüber Kreditinstituten, Aufwendungen für Waren.

Arbeiten Sie mit dem Kontenrahmen für den Groß- und Außenhandel im Anhang Ihres Lehrbuches und stellen Sie die Konten mit Kontennummern auszugsweise in einem Kontenplan zusammen.

Kontenplan		
Kontenklasse	Kontennummer	Kontenbezeichnung
0: Anlage- und Kapitalkonten		
1: Finanzkonten		

Lernsituation 4 – Übungsaufgaben

Kontenplan		
Kontenklasse	Kontennummer	Kontenbezeichnung
3: Wareneinkaufskonten/ Warenbestandskonten	_____	_____
4: Konten der Kostenarten	_____	_____
	_____	_____
	_____	_____
	_____	_____
8: Warenverkaufskonten	_____	_____

Lernsituation 4: Sie berechnen und buchen Liefererskonti und Bezugskosten

Frau Lapp kommt mit einer Hausmitteilung und einer Rechnung zu Nicole.

Frau Lapp: „Guten Morgen Nicole! Hier habe ich eine Hausmitteilung der Geschäftsleitung, von der Sie auch in Kenntnis gesetzt werden sollten. Zudem müssen Sie bitte noch die Eingangsrechnung der Bürodesign GmbH buchen."

Hausmitteilung

An: Frau Lapp – Finanzbuchhaltung   Datum: 25.04.20..
Von: Geschäftsleitung

Sehr geehrte Frau Lapp,

wir weisen Sie noch einmal darauf hin, dass ab sofort alle Rechnungen unter Berücksichtigung von Skontoabzügen zu begleichen sind.

Für den Ausgleich der ER Nr. 399 der Bürodesign GmbH hat uns unsere Hausbank einen kurzfristigen Kredit zu einem Zinssatz von 9,5 % eingeräumt, sodass auch diese Rechnung fristgerecht überwiesen werden kann.

Mit freundlichen Grüßen

Sonja Primus

Lernsituation 4 – Übungsaufgaben

Nicole liest die Hausmitteilung und die Rechnung und stutzt.

Nicole: „Hat das denn Sinn – warum sollen wir das denn nun wieder machen? Wir zahlen 9,5 % Zinsen, bei einem Skontoabzug von 3 %? Außerdem, Fracht und Skonto habe ich noch nie gebucht."

Frau Lapp (lächelnd): „Da geh' ich mal von aus, dass sich das Ganze lohnt, wenn Sie nachrechnen, dann wird Ihnen sehr schnell klar, warum alle Rechnungen unter Berücksichtigung des Skontoabzuges zu begleichen sind. Und das Buchen der Eingangsrechnung werden Sie bestimmt auch schaffen – in Ihrem Schulbuch ist dies eigentlich ganz gut erklärt."

Ein wenig schmollend macht sich Nicole an die Arbeit.

Beschreibung und Analyse der Situation

Überprüfen Sie die Aussage von Frau Lapp und zeigen Sie, dass sich die Berücksichtigung des Skontos in der vorliegenden Situation für die Primus GmbH lohnt.

Zusätzliche Informationen:

$$\text{Tageszinsen} = \frac{\text{Kapital} \cdot \text{Zinssatz} \cdot \text{Tage}}{100 \cdot 360}$$

$$\text{Zinssatz} = \frac{\text{Skontobetrag} \cdot 100 \cdot 360}{\text{verminderter Betrag} \cdot \text{Kreditdauer}}$$

© Westermann Gruppe

Skontobetrag =

Berechnung der zu zahlenden Zinsen bei einem Kreditzeitraum von 16 Tagen:

Berechnen Sie den effektiven Zinssatz des Liefererkredits.

Planen und durchführen

Informieren Sie sich in Einzelarbeit, wie Rabatte, Fracht und Skontoabzug in der Buchführung erfasst werden, und verfassen Sie jeweils eine kurze schriftliche Buchungsanweisung.

Rabatte

Fracht

Skontoabzug

_____
_____
_____
_____
_____

Buchen Sie die Eingangsrechnung im Grundbuch

- zum Zeitpunkt des Wareneingangs und
- zum Zeitpunkt des Rechnungsausgleichs, unter Berücksichtigung des Skontos.

Vorkontierung

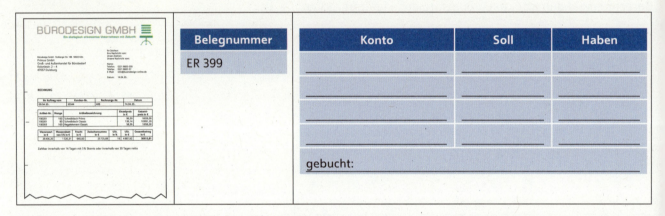

Grundbuch				Seite 211	
Lfd. Nr.	Buchungsdatum	Beleg	Buchungssatz	Soll in €	Haben in €
320	_____	ER 399	_____	_____	_____
388	_____	_____	_____	_____	_____

Bewerten

Vergleichen Sie Ihre Ergebnisse zunächst mit Ihrer Sitznachbarin/Ihrem Sitznachbarn, bevor Sie die Ergebnisse in der Klasse besprechen.

© Westermann Gruppe

Lernergebnisse sichern

Als Nicole die Hausmitteilung las, war ein erster Kommentar von ihr: *„Hat das denn Sinn – warum sollen wir das denn nun wieder machen?"*

Ergänzen/verändern Sie die von Frau Primus verfasste Hausmitteilung, indem Sie von Beginn an für Transparenz bezüglich der Arbeitsanweisung sorgen und den Mitarbeitern der Finanzbuchführung erklären, warum für alle Rechnungen Skonto zu ziehen ist.

Hausmitteilung

An: Frau Lapp – Finanzbuchhaltung   Datum: 25.04.20..
Von: Geschäftsleitung

Sehr geehrte Kolleginnen und Kollegen der Finanzbuchhaltung,

_____
_____
_____
_____
_____
_____

Für den Ausgleich ...

Mir freundlichen Grüßen

Sonja Primus

Übung 4.1: Besondere Buchungen im Absatzbereich

Geben Sie die Buchungssätze für die folgenden Geschäftsfälle eines Möbelgroßhandelsunternehmens an.

	€	€	€
1. AR 01 vom 03.01.20..: Zielverkauf von 50 Bürorollcontainern zu je 120,00 €	6 000,00		
– 5 % Mengenrabatt	– 300,00	5 700,00	
+ 19 % Umsatzsteuer		+ 1 083,00	6 783,00
2. KB 01 vom 03.01.20..: Barzahlung der Fracht, zu AR 01, brutto einschließlich 19 % Umsatzsteuer			178,50
3. ER 01/BA 01 vom 04.01.20..: Einkauf von Versandkartons gegen Barscheck, netto		1 240,00	
+ 19 % Umsatzsteuer		+ 235,60	1 475,60
4. AR 02 vom 05.01.20..: An den Kunden des 1. Falls Fracht für die Bürorollcontainer, netto		150,00	
19 % Umsatzsteuer		+ 28,50	178,50

© Westermann Gruppe

5. AR 03 vom 07.01.20..: Zielverkauf von 90 Schreibtischen à 110,00 €   9 900,00
  – 10 % Mengenrabatt   – 990,00
  + Fracht   + 240,00   9 150,00
  + 19 % Umsatzsteuer   + 1 738,50   10 888,50

6. Briefkopie 01 vom 10.01.20..: Gutschrift an
einen Kunden (Fall 1) für die Rückgabe von
zwei Bürorollcontainern, netto   570,00
  + 19 % Umsatzsteuer   + 108,30   678,30

7. BA 02 vom 12.01.20..: Kunde zahlte fällige
AR 01 mit einem Verrechnungsscheck   6 783,00
abzüglich 2 % Skonto   – 135,66   6 647,34

		Grundbuch			Seite 199
Lfd. Nr.	Buchungsdatum	Beleg	Buchungssatz	Soll in €	Haben in €
1					
2					
3					
4					
5					
6					
7					

Übung 4.2: Besondere Buchungen im Beschaffungs- und Absatzbereich

1. Bearbeiten Sie die Belege mithilfe des Kontenplans und kontieren Sie diese vor.

Beleg 1

Konto	Soll	Haben

gebucht:

Beleg 2

Konto	Soll	Haben

gebucht:

Beleg 3

Konto	Soll	Haben

gebucht:

Lernsituation 4 – Übungsaufgaben

Beleg 4

Konto	Soll	Haben

gebucht:

Beleg 5

Konto	Soll	Haben

gebucht:

2. Ermitteln Sie den Nettoumsatz aufgrund der fünf vorliegenden Belege.

3. Ermitteln Sie die Umsatzsteuerzahllast aufgrund der fünf vorliegenden Belege.

Übung 4.3: Lern- und Unterrichtscheck 2 – Sie reflektieren Ihre Tätigkeit in der Finanzbuchhaltung

Reflektieren Sie Ihr Lernen und Arbeiten im Rechnungswesen sowie den zurückliegenden Unterricht im Rechnungswesen und tauschen Sie sich anschließend darüber in Ihrer Klasse aus.

Eigener Lernerfolg	Trifft zu	Trifft überwiegend zu	Trifft weniger zu	Trifft nicht zu
1. Die Unterscheidung zwischen Bestandskonten und Erfolgskonten ist mir klar.				
2. Ich kann Buchungssätze bilden.				
3. Ich kann die Berechnung der Umsatzsteuerzahllast mit eigenen Worten erklären.				
4. Ich habe die Systematik hinter den Buchungen im Beschaffungs- und Absatzbereich verstanden.				
5. Ich könnte meinen Eltern erklären, warum es sinnvoll ist, Skonto auch im privaten Bereich auszunutzen, selbst wenn dafür ein kurzfristiger Kredit in Anspruch genommen werden muss.				
6. Ich kann Skonto und Rücksendungen bei Warenein- und Warenverkäufen buchen.				

Lern- und Arbeitsprozess	Trifft zu	Trifft überwiegend zu	Trifft weniger zu	Trifft nicht zu
1. Bei schwierigen Aufgaben gebe ich schnell auf.				
2. Wenn ich meine Ergebnisse mit denen meiner Mitschülerinnen und Mitschüler vergleiche, finden wir selbstständig unsere Fehler.				
3. Ich übe auch außerhalb des Unterrichts.				
4. Wenn ich auf Schwierigkeiten gestoßen bin, habe ich in meinen Bemühungen nachgelassen.				
5. Wenn ich merke, dass ich etwas nicht verstanden habe, dann versuche ich, dies mithilfe des Lehrbuches selbstständig nachzuarbeiten.				

Das nehme ich mir bezüglich meines Arbeits- und Lernverhaltens vor:
_____
_____

Unterricht	Trifft zu	Trifft überwiegend zu	Trifft weniger zu	Trifft nicht zu
1. Ich hatte genügend Übungsmöglichkeiten, um den neu gelernten Unterrichtsstoff zu festigen.				
2. In unserer Klasse unterstützen wir uns gegenseitig, wenn wir in einem Lernbereich Probleme haben.				
3. Wir hatten ein Lern- und Unterrichtsklima, in dem ich gut lernen und konzentriert arbeiten konnte.				

© Westermann Gruppe

Prüfungsorientierte Aufgaben

Kaufmann/Kauffrau für Groß- und Außenhandelsmanagement

Allgemeine Hinweise:
Sie sind Mitarbeiter/-in in der Schmickler & Co. KG, einer Großhandelsunternehmung für Fahrzeug- und Motorenteile. Alle folgenden Aufgaben beziehen sich auf dieses Unternehmen.
Wenn Belege und Geschäftsfälle zu kontieren sind, so tragen Sie die Kennziffer der richtigen Konten, getrennt nach Soll und Haben, in die T-Konten bei den Aufgaben ein.

Unternehmensbeschreibung

Name:	Schmickler & Co. KG
Geschäftssitz:	Frankenweg 20–24, 60327 Frankfurt am Main
Handelsregister:	Amtsgericht Frankfurt am Main HRA 30480
Geschäftsjahr:	1. Januar–31. Dezember
Bankverbindung:	Sparkasse Frankfurt am Main, IBAN: DE61 5005 0201 0005 0364 47, BIC: HELADEF1822
Betriebszweck:	Großhandel mit Auto- und Motorenteilen aller Marken
Abteilungen:	Geschäftsleitung, Sekretariat, Einkauf, Lager/Logistik, Vertrieb, Rechnungswesen/Controlling, Personal, Verwaltung, EDV
Mitarbeiter:	65 Mitarbeiter/-innen und acht Auszubildende

Situation zur 1. bis 3. Aufgabe:

Ihnen liegen die abgebildeten Rechnungen der Firma Rocke Sitzbezüge KG sowie der abgebildete Kontoauszug vor:

© Westermann Gruppe

Aufgaben zur Prüfungsvorbereitung

1. Aufgabe

Kontieren Sie die Rechnung der Firma Rocke Sitzbezüge KG.

1. Forderungen aus Lieferungen und Leistungen (101)
2. Kreditinstitute (131)
3. Vorsteuer (140)
4. Verbindlichkeiten aus Lieferungen und Leistungen (171)
5. Umsatzsteuer (180)
6. Wareneingang (301)
7. Nachlässe von Lieferanten (306)
8. Umsatzerlöse/Warenverkauf (801)

S   H

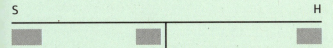

2. Aufgabe

Kontieren Sie anhand des abgebildeten Kontoauszugs die Überweisung an die Firma Rocke Sitzbezüge KG.

1. Forderungen aus Lieferungen und Leistungen (101)
2. Kreditinstitute (131)
3. Vorsteuer (140)
4. Verbindlichkeiten aus Lieferungen und Leistungen (171)
5. Umsatzsteuer (180)
6. Aufwendungen f. Waren/Wareneingang (301)
7. Nachlässe von Lieferanten (306)
8. Lieferantenskonti (308)

S   H

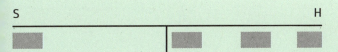

3. Aufgabe

Berechnen Sie den Betrag, um welchen die Umsatzsteuer in der Rechnung der Rocke Sitzbezüge KG korrigiert werden muss.

© Westermann Gruppe

Belege für die Aufgaben 4–10:

Beleg zur Aufgabe 4

Beleg zur Aufgabe 5

4. Aufgabe

Kontieren Sie die Gutschrift der Firma Gieben & Co. OHG vom 3. Mai 20.. .

1. Forderungen aus Lieferungen und Leistungen (101)
2. Vorsteuer (140)
3. Verbindlichkeiten aus Lieferungen und Leistungen (171)
4. Umsatzsteuer (180)
5. Wareneingang (301)
6. Rücksendungen an Lieferanten (305)
7. Warenverkauf (801)
8. Rücksendungen von Kunden (805)

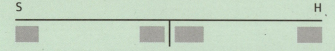

5. Aufgabe

Kontieren Sie die Gutschrift der Tecnical GmbH vom 29. Mai 20.. .

1. Forderungen aus Lieferungen und Leistungen (101)
2. Vorsteuer (140)
3. Verbindlichkeiten aus Lieferungen und Leistungen (171)
4. Umsatzsteuer (180)

5. Aufwendungen f. Waren/Wareneingang (301)
6. Nachlässe von Lieferanten (306)
7. Lieferantenboni (307)
8. Kundenboni (807)

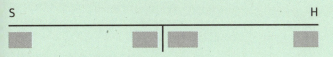

Beleg zur Aufgabe 6

Beleg zur Aufgabe 7

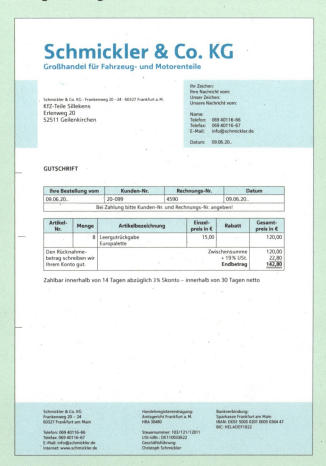

6. Aufgabe

Kontieren Sie den abgebildeten Beleg.

1. Forderungen aus Lieferungen und Leistungen (101)
2. Kreditinstitute (131)
3. Vorsteuer (140)
4. Verbindlichkeiten aus Lieferungen und Leistungen (171)
5. Umsatzsteuer (180)
6. Warenbezugskosten (302)
7. Ausgangsfrachten (462)
8. Umsatzerlöse/Warenverkauf (801)

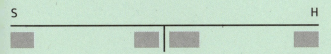

© Westermann Gruppe

7. Aufgabe

Kontieren Sie den abgebildeten Beleg.

1. Forderungen aus Lieferungen und Leistungen (101)
2. Vorsteuer (140)
3. Verbindlichkeiten aus Lieferungen und Leistungen (171)
4. Umsatzsteuer (180)
5. Warenbezugskosten (302)
6. Rücksendungen an Lieferanten (305)
7. Ausgangsfrachten (462)
8. Umsatzerlöse/Warenverkauf (801)

8. Aufgabe

Das Konto Warenbestand (390) weist einen Anfangsbestand von 180 000,00 € auf. Bei der Inventur wird ein Endbestand von 120 000,00 € ermittelt, im Konto eingetragen und gegengebucht. Geben Sie an, mit welchem Buchungssatz die Bestandsveränderung zu erfassen ist.

1. Warenbestände (390) an Schlussbilanzkonto (940) 120 000,00 €
2. Schlussbilanzkonto (940) an Warenbestände (390) 60 000,00 €
3. GuV-Konto (930) an Warenbestände (390) 60 000,00 €
4. GuV-Konto (930) an Warenbestände (390) 120 000,00 €
5. Aufw. f. W./Wareneingang (301) an Warenbestände (390) 60 000,00 €
6. Aufw. f. W./Wareneingang (301) an Warenbestände (390) 120 000,00 €

Situation zur 9. bis 12. Aufgabe:

In der Schmickler & Co. KG liegen am Ende des Geschäftsjahres die folgenden Daten – jeweils in Tausend Euro (T€) – vor:

Gebäude	3 000	Abschreibungen	1 800	Sonstige Erträge	3 000
Warenbestand	900	Verbindlichkeiten a. LL.	1 050	Wareneinsatz	43 200
Forderungen a. LL.	1 140	Bankguthaben	840	Fuhrpark	1 050
Langfristige Hypothekenschulden	900	Betriebs- und Geschäftsausstattung	570	Langfristige Darlehensschulden	750
Warenverkaufserlöse	75 000	Personalaufwand	24 000	Sonst. Aufwendungen	7 200

Aufgaben zur Prüfungsvorbereitung

9. Aufgabe

Ermitteln Sie das Anlagevermögen in T€.

10. Aufgabe

Ermitteln Sie die Höhe des Eigenkapitals in T€.

11. Aufgabe

Ermitteln Sie den Warenrohgewinn in T€.

12. Aufgabe

Ermitteln Sie den Jahresüberschuss/Gewinn in T€.

© Westermann Gruppe

Bildquellenverzeichnis

Alff, Reinhard, Dortmund: 14.3.

CTO Software GmbH, Aachen: 47.1, 47.2.

Europäische Kommission, Berlin: 20.1.

Foto Stephan – Behrla Nöhrbaß GbR, Köln: 7.1, 29.1, 44.1, 55.1, 72.1, 87.2, 95.1, 117.1, 118.2, 123.2, 123.2, 138.1, 159.1, 167.1, 178.1.

fotolia.com, New York: 140.1, 147.1; Bilderbox 172.1; bluedesign 202.1; by-studio 74.1; contrastwerkstatt 39.2; fischer-cg. 131.1; Franz Pfluegl 76.1; Gabriel Blaj 58.1; GRAPHIC 179.1, 182.2; karelnoppe 58.2; koya979 122.3; Neyro 122.2; Patrick Pazzano 148.1; Picture-Factory 39.3; Spencer 66.1; Stephen Coburn 25.1, 25.2; Tiberius Gracchus 202.2; Yemelyanov, Maksym 122.1.

iStockphoto.com, Calgary: Cristian Baitg 71.1; Ratana21 78.1; © Petmal 17.1.

Media-Saturn-Holding GmbH, Ingolstadt: 129.1.

Microsoft Deutschland GmbH, München: 165.1.

Picture-Alliance GmbH, Frankfurt/M.: 23.1, 24.1.

stock.adobe.com, Dublin: Annas, Karin & Uwe 152.1; ASDF 58.3; chinnarach 101.4; contrastwerkstatt 11.1, 11.2, 39.1, 150.1; euthymia 121.1; Irusta, Rafa 59.1; Körber, Stefan 135.1; sepy 82.1; Spectral-Design 74.2; Travel man Titel; yurolaitsalbert 14.1; ©emeraldphoto 151.1; ©MARK BOND 14.2.

Wir arbeiten sehr sorgfältig daran, für alle verwendeten Abbildungen die Rechteinhaberinnen und Rechteinhaber zu ermitteln. Sollte uns dies im Einzelfall nicht vollständig gelungen sein, werden berechtigte Ansprüche selbstverständlich im Rahmen der üblichen Vereinbarungen abgegolten.

© Westermann Gruppe